가장 위대한
메신저

가장 위대한 메신저

나단(Nathan), 구한나, 김수안, 김대식, 김기호, 이명진, 홍지원, 박설희, 김윤희가 글을 쓰다.
치읓[치읕] 출판사가 2018년 11월 16일에 처음 발행하고, 이혁백이 책을 기획하다.
편집주간 홍민진이 출간을 진행하고, 김기준이 글을 다듬었다.
구한나가 책 마케팅을 담당하였고, 송진원, 김경미가 책을 디자인하다.
2017년 10월 31일(제 000312호)에 치읓[치읕] 출판사가 등록되었고,
주소는 서울시 강남구 봉은사로33길 11 2층, 전화는 02-518-7191, 팩스는 02-6008-7197,
이메일은 240people@naver.com, 인터넷 카페는 www.shareyourstory.co.kr이다.

2018년 11월 16일 1쇄를 발행하다.

값 15,000원
ISBN 979-11-963097-3-2

이 도서의 국립중앙도서관 출판예정도서목록(CIP)은 서지정보유통지원시스템 홈페이지(http://seoji.nl.go.kr)와 국가
자료공동목록시스템(http://www.nl.go.kr/kolisnet)에서 이용하실 수 있습니다. (CIP제어번호 : CIP2018031170)

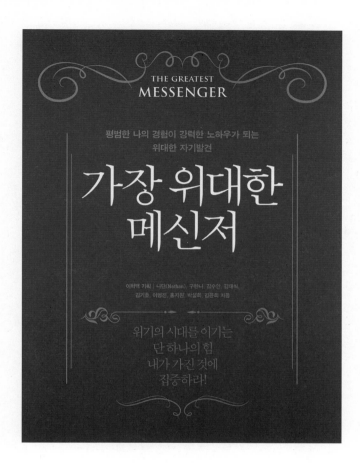

THE GREATEST
MESSENGER

평범한 나의 경험이 강력한 노하우가 되는
위대한 자기발견

가장 위대한
메신저

이덕백 기획 | 나단(Nathan), 구한나, 김수인, 김대식
김기호, 이병진, 홍지원, 박설희, 김윤희 지음

위기의 시대를 이기는
단 하나의 힘
내가 가진 것에
집중하라!

Contents

Contents

Part 1

역사와 경제,
사람을 잇는 신사의 품격

THE GREATEST MESSENGER

역사와 경제,
사람을 잇는 신사의 품격

_나단(Nathan)

나단(Nathan)

평범하지만 결코 평범하지 않은 중년의 회사원이다. 쌍둥이의 아빠에다 회사 생활도 바쁘지만, 자신이 좋아하는 것은 도저히 멈추지 못한다. 재즈 음악을 좋아하고 책을 좋아하며, 일상이 스친 영감을 기록하기 위해 매일 블로그에 글을 쓴다. 관심 분야도 많아, 영화, 음악, 맛집, 요가, 운동, 명상, 어학, 술 등 지나치는 것이 없는 자칭 '공부마니아'인 저자는, 아마 조선 시대에 태어났다면 세상 풍류를 즐기는 선비로 한 평생을 살았을 것이라고 말한다.

현재 대기업 반도체 부서 마케팅 관리자로서 십수 년째 일하고 있다. 누구보다 바쁜 상황이지만 20년간 재즈피아노를 쳐왔으며, 재즈 밴드를 결성해 '자라섬 재즈 페스티벌' 및 여러 클럽에서 공연까지 한 그야말로 제너럴리스트 generalist다. 2012년에는 본인의 재즈 앨범 1집을 냈고, 지금도 2집을 준비 중이다.

또한 회사 입사 후 본격적으로 시작한 어학 공부로 영어 1급, 중국어 2급, 일본어 3급의 회화 능력을 키웠으며, 이를 바탕으로 전 세계에 넓은 인적 네트워크를 갖춰 놓았다. 뿐만 아니라, 『삼국지』를 닳도록 읽고 또 읽은 그는, 책 속 인물들의 성향과 교훈들을 현대사회에 접목시켜 블로그와 책을 통해 기록, 전파하고 있다. 이렇게 쌓아온 경험과 지식을 펼치기 위해 이 책을 집필했다고 말한다. 돈과 시간, 건강, 마음, 어학 등을 다룬 공부법, 『마흔 살, 여전히 공부를 꿈꾸다』(가제)와 삼국지와 마케팅을 접목시킨 새로운 트렌드 마케팅 책 출간을 앞두고 있다.

---

* E-MAIL : chojazz@naver.com

* BLOG : https://blog.naver.com/chojazz

외국어를 잘 한다는 것, 질적으로 다른 인생의 경험을 누린다는 것

외국어를 누구보다 쉽고 빠르게 습득할 수 있는 비법

"굿 모닝!" "오하요!" "자오샹 하오!"

오늘 아침도 팀원들에게 영어, 일본어, 중국어로 인사를 한다. 처음에는 다들 이상하게 쳐다봤는데, 이제는 익숙해졌나보다. 내가 인사하는 대로 팀원들도 같이 받아준다. 다양한 언어를 구사한다는 것은 즐거움 그 자체다.

그런데 어느 순간 나 자신에게 궁금해졌다. 나는 왜 이렇게 외국어를 좋아하는 걸까?

나는 외국에서 생활해 본 적이 없다. 비행기를 처음 탄 것도 대학생 때였다. 하지만 나는 어릴 때부터 책을 통해서 외국 문화를 접했다. 초등학교 3학년 때 친구가 추천한 『삼국지』, 중학교 때 우연히 읽은 김용 작가의 무협소설 『영웅문』, 내 방 책장에 꽂혀있던 가와바타 야스나리의 장편 소설 『설국』, 이 책들은 나를 새로운 세상으로 연결하는 통로였다.

다른 나라의 문화와 역사, 사람들에 대한 호기심은 외국어에 대한 관심으로 이어졌다. 대학 시절 전공과목이 안 맞아서 고생할 때도 외국어 공부만은 손에서 놓지 않았다. 회사에 들어가서는 마케팅 및 IR(Investor Relation) 부서에서 일했기 때문에 업무상 영어를 많이 사용했다. 하지만 이것만으로는 만족이 되지 않았다. 나는 다른 언어에 대한 호기심을 늘 갖고 있었다. 그래서 일본어를 꾸준히 공부했고, 40대에 접어들어선 일본어 회화 3급을 획득했다. 그 후에는 3년간 미친 듯이 공부해서 중국어 회화 2급을 땄다.

요즘은 번역기가 발달해서 외국어를 배울 필요가 없다고 말하는 사람들도 많지만, 번역기로는 해결할 수 없는 게 많다. 외국어는 배우는 게 정답이다. 실제로 외국어를 배우면 장점이 꽤 많다.

첫째, 외국어를 통해 나의 새로운 영혼을 발견할 수 있다. 모국어와 외국어 사이에는 사고방식에 있어서 큰 차이가 있다. 예를 들어, 영어에는 존대어에 대한 제약이 없기 때문에, 영어를 사용할 때 우리는 보다 열린 마음을 가질 수 있다.

둘째, 많은 친구를 사귈 수 있고, 인생의 범위를 넓힐 수 있다. 요새는 SNS(Social Network Service)를 통해서 세계 어느 나라 사람과도 친구가 될 수 있다. 친구를 사귈 뿐만 아니라 그들의 사고방식도 배울 수 있다. 하지만 번역기로는 외국인 친구들과 깊은 대화를 나눌 수 없다.

셋째, 스트레스를 아주 건전한 방식으로 해소할 수 있다. 직장인들은 보통 술 마시는 것으로 스트레스를 푸는데, 이것은 사실 단명하는 지름길일 뿐이다. 외국어 공부는 적어도 술 마시는 것보다 낫다. 외국어를 공부함으로써 건강도 지키고 스트레스도 푼다면 그것처럼 유익한 게 또 어디 있겠는가?

하지만 이것은 어디까지나 재미있게 공부하고 또 어느 정도 성취했을 때의 이야기다. 공부하는 만큼 외국어가 습득되고 온전히 나의 것이 된다면 그 자체로 기쁜 일이겠지만, 그렇지 못하면 오히려 스트레스만 쌓이게 될 것이다.

자, 그러면 어떻게 해야 외국어를 즐겁게 배우고 온전히 나의 것으로 만들 수 있을까?

첫째, 꾸준해야 한다.

나는 출근할 때 20분간 중국어 단어나 회화 파일을 듣는다. 팁을 하나 드린다면, 네이버에 있는 중국어 회화 사이트를 활용하는 것이다. 여기에 알림을 등록하면 매일 정해진 시간에 내 스마트폰으로 단어와 회화가 제공된다. 이 회화만 열심히 익혀도 큰 도움이 될 것이다.

'3-7-21-66-100일의 습관'이라는 법칙이 있다. 오늘 중국어를 10분 공부했다면, 그것을 3일간 지속하라. 성공하면 7일로 늘리자. 그 다음에는 21일, 그리고 66일까지 늘려보자. 그러면 총 97일 동안 매일 10분씩 중국어를 공부한 것이 된다. 이제 100일의 고지에 도달하는 건 일도 아니다. 하지만 여기서 끝나는 것이 아니다. 100일에서 다시 시작하여, 또 다른 100일을 만들어야 한다. 자, 이러한 반복을 통해서 우리의 무의식에 외국어를 심어보자. 그러면 어느 순간, 꿈속에서 외국어를 하는 자신의 모습을 발견할 것이다.

둘째, 말로 표현해야 한다.

탈무드에 이런 일화가 있다. 어떤 임금이 병이 나서 어미 사자의 젖이 필요하다고 하자, 용감한 사람이 나섰다. 그는 사자와 먼저 친해졌고, 젖을 조금씩 구해서 무사히 귀국했다. 그런데 그가 잠이 들자, 발과 눈과 심장이 싸우기 시작했다. 자신의 공이 가장 크다는 것이다. 혀도 싸움에 가담했지만, 혀의 의견은 다들 무시했다. 다음 날, 사내는 사자의 젖을 들고 임금님께 갔다. 임금님은 매우 기뻐하며 사내에게 물었다.

"이 젖이 어미 사자의 젖이란 말이지?"

그러자 사내의 입 속에 있던 혀가 말했다.

"아닙니다. 개의 젖입니다."

순간 발과 눈과 심장이 깜짝 놀랐다. 그리고 혀의 중요성을 깨닫고 혀에게 사과했다.

그러자 혀가 다시 말했다.

"아닙니다. 제가 실수를 했습니다. 어미 사자의 젖입니다."

이와 같이 나의 생각은 혀를 통해 표현되어야 한다. 혀를 통해 표현되어야 나의 언어가 되는 것이다. 아무리 많은 문법적 지식이 있어도, 한 마디도 표현을 하지 않으면 그 언어는 나의 언어가 아니다.

셋째, 뻔뻔해야 한다.

나의 실력이 미천하다고 절대로 부끄러워할 필요가 없다. 오히려 배운 것을 마음속에 넣어두면 그것은 '죽은 언어' 밖에 안 된다. 마치 장롱 면허와 같다. 나는 새로운 표현을 배우면, 무조건

주위 사람들에게 사용한다. 상대방이 얼떨떨한 반응을 보여도 상관없다. 이렇게 해야 나의 입에 외국어가 달라붙기 때문이다.

마지막으로, 끊임없이 호기심을 갖고 있어야 한다.

호기심은 그 나라에 대한 애정과 관심이다. 말하자면, 미국인이나 중국인들의 사고방식, 그들의 역사와 문화에 관심을 가지라는 말이다. 언어의 기술만 배워서는 그 언어를 온전히 이해했다고 할 수 없다.

이렇게 꾸준함, 적극적 표현, **뻔뻔함**, 거기다 호기심까지 장착한다면 어떤 외국어도 나의 것으로 만들 수 있다. 외국어의 가장 큰 장점은 평생을 공부할 수 있다는 것이다. 더욱이 치매 예방에도 도움이 된다고 한다. 세계적으로 유명한 작가이자 정신과 의사인 에스더 페렐(Esther Perel)은 외국어를 배우는 장점에 대해 다음과 같이 말했다.

"언어야말로 사람의 마음을 여는 유일한 무기다. 만일 내가 통역을 이용해 사람들과 대화를 나눠야 했다면 나는 사람들의 마음을 들여다보고 치료하는 지금의 내 일을 절대 하지 못했을 것이다."

그녀의 말에 따르면, 언어는 '영혼'과 '영혼'을 연결하는 매개체와 같은 것이다. 살면서 나만의 매개체가 하나쯤 있다는 것은 얼마나 좋은 일인가? 자, 잠깐만 이 책을 덮고 시작해 보자. 단 10분의 외국어 공부를.

All the things you are,
당신이라는
모든 것
재즈를 배우며 삶 속에 숨겨진 진리를 깨닫는 방법

"You have the freedom to be yourself, your true self, here and now, and nothing can stand in your way" - Jonathan Livingston Seagull

"당신은 당신 자신, 당신의 진정한 자아가 될 자유를 여기 그리고 지금 가지고 있습니다. 당신의 길을 막을 수 있는 것은 아무것도 없습니다."

_「갈매기 조나단」

내 첫 번째 CD 앞 장에 있는 문구다. 학창 시절 가장 감명

깊게 읽은 책이 『갈매기 조나단』이다. 하루하루 먹거리를 찾아다니기에 바쁜 갈매기들과는 다르게 조나단은 매일 새로운 비행술을 연마한다. 이런 갈매기 조나단을 다른 갈매기들은 비웃지만 그는 결국 더 높은 경지에 이르면서 깨달음을 얻는 '현자'가 된다. 나도 갈매기 조나단처럼 깨달음을 얻고 싶었다. 그 깨달음을 준 것이 바로 '재즈 음악'이다.

학창시절 모범생이었던 나는 대학에 입학하고 나서 방황을 시작했다. 뒤늦게 사춘기가 찾아온 것이다. 내가 진정으로 원하는 인생이 무엇인지 답을 찾고 싶었다. 그래서 학교를 휴학하고, 음악을 통해 나의 길을 찾아 나섰다. 대학로에 위치한 '서울 재즈 아카데미'에서 작곡 이론을 배우고, 재즈 피아니스트 곽윤찬 선생님께 재즈 피아노를 배웠다. 같이 음악을 하는 형, 동생들과 작업실을 차리고 음악가의 꿈을 키웠다. 비록 프로 뮤지션은 내 길이 아님을 깨닫고 중도에 포기했지만, 음악에 대한 갈증은 여전했다.

회사에 들어가서는 동료들과 함께 'Something Blue'(파란 무언가)라는 재즈 밴드를 결성하여 자라섬 재즈 페스티벌에도 참가하고, 각종 재즈 카페에서 공연도 했다.

마침내 40세가 되기 한 달 전, 12월에 나의 앨범을 냈다. 총

13곡을 수록했는데, 그 중 재즈 스탠다드 4곡, 기존 곡(동요, 애국가)의 편곡 4곡을 제외한 나머지 5곡이 내가 작곡한 곡이다. 첫 CD를 받아 보았을 때 얼마나 감격했는지 모른다. 종이 케이스 냄새까지 달콤하게 느껴졌다. CD 앞면에는 사진에 취미가 있는 일본 지인이 찍어준 고베 앞 바다가 있고, 뒷면에는 이름 모를 재즈바에 있는 그랜드 피아노 한 대가 있다.

이 CD는 20여 년간 음악과 함께한 내 땀의 결정체다. CD를 내기 위해서 나는 수없이 재즈피아노를 연습하고, 녹음했다. 재즈 음악은 나에게 인생의 충만함, 그리고 음악의 아름다움을 알게 해 주었다.

나는 재즈 음악가 중 피아니스트 빌 에반스(Bill Evans)와 트럼펫 연주자 마일즈 데이비스(Miles Davis)를 제일 존경하고 좋아한다. 빌 에반스는 피아노에 거의 쓰러지다시피 몸을 숙이고 피아노를 친다. 그의 이러한 몰입감이 너무 멋지다는 생각이 든다. 우수에 젖은 그의 눈빛은 재즈의 깊은 매력을 말해주는 것 같다. 재즈의 신이라고 불리는 마일즈 데이비스는 이미 전통 재즈로 명성을 날리고 있었지만, 일렉트릭과 결합한 새로운 퓨전 재즈를 시도하면서 자신이 갖고 있는 것을 모두 버리고 새로운 변화에 도전했다. 그의 이러한 끊임없는 도전 정신은 나에게 깊

은 영감을 주었다. 그가 남긴 명언은 아직도 많은 이들의 가슴을
울린다.

"멈춰있는 음악은 죽은 음악이다. 음악은 살아 숨 쉬어야 한다."
"재즈에서 틀린 음이라는 건 없다. 음들이 틀린 장소에 있을
뿐이다."

_ 마일즈 데이비스

이처럼 재즈 음악의 매력은 '창의성'에 있다. 클래식 연주자들
이 불협화음이라고 인상을 쓰는 것도 재즈에서는 하나의 음일뿐
이다. 독특하고 창조적인 스타일의 연주로 유명한 재즈 피아니스
트 델로니우스 몽크(Thelonius Monk)는 전직이 권투선수였다.
그래서 그가 특이한 코드(음을 동시에 울리게 하는 화음)를 연
주할 때면 그의 손이 너무 커서 자기도 모르게 불협화음을 눌렀
다고 우스갯소리를 한다. 하지만 이러한 창의적인 연주가 재즈의
전부는 아니다. 창의성만을 강조하면, 그것은 오직 자신만을 위
한 전위예술에 가깝다. 재즈는 '소통'이다. 연주하는 멤버들 간의
소통도 중요하고, 이를 들어주는 청중과의 소통도 중요하다.

그런데 그 바쁜 직장생활 가운데 어떻게 음악을 계속 할 수

있었을까? 그 해답은 강한 목적의식과 실행력이다.

드롭 박스의 CEO 드류 휴스턴(Drew Houston)은 2013년 MIT 졸업식에서 이렇게 말했다.

"만약 내가 22살의 나이로 돌아간다면 테니스공과 동그라미, 숫자 30,000이 적힌 커닝 페이퍼를 나 자신에게 주고 싶다."

테니스공은 자기가 집중할 수 있는 대상이고, 동그라미는 친구의 집단이며, 30,000은 인간이 평균적으로 사는 날이다. 테니스공을 던지면 강아지는 그 공을 향해 맹목적으로 달려간다. 우리도 그와 같이 무언가에 집중해야 한다. 나에게는 재즈 음악이 바로 그 테니스공이었다. 그 공을 통해 30,000일이라는 길지 않은 인생에서 나만의 메시지를 사람들에게 전달하고 싶었던 것이다.

재즈를 통해서 나는 창의성과 공감, 소통이라는 키워드를 배웠다. 어떻게 보면 나는 재즈의 인생을 산 것이다. 재즈의 정신처럼 창의적인 아이디어를 내려고 했고, 재즈의 연주처럼 다른 이들과 협업과 소통을 하려고 했다. 참으로 나의 삶은 재즈로 가득 차있다.

나는 지금 아침 햇살을 맞으며 거실에 앉아, 'All the things

you are'라는 빌 에반스의 대표적인 연주곡을 듣고 있다. 많은 재즈곡들이 그렇듯, 이 연주곡도 본래는 가사가 있는 곡이다.

"이 세상에서 내가 원하는 것은 오직 당신 뿐.
내가 아는 가장 사랑스런 존재인 당신.
당신이라는 모든 것이 내 것이 되는 그 때"

예전부터 재즈는 나에게 사랑스런 존재였고 애인이었다. 앞으로도 재즈와 함께 남은 인생을 보낼 것이다.
우리는 모두 자신만의 동반자를 갖고 인생을 살아야 한다. 음악이어도 좋고, 책 혹은 다른 취미여도 좋다. 그것이 무엇이든, 동반자와 함께 걸어간다면 우리의 인생은 훨씬 풍요롭고 즐거워질 것이다.

쉬고 싶어도 쉴 수 없는
직장인들의
생활 속 건강검진

활기찬 상태로 업무에 매진할 수 있는 몸과 마음을 만드는 방법

"지치지 않는 체력이라구요? 하하하."

PT(Personal Training) 선생님이 나의 책 주제에 대해서 듣더니 배꼽을 잡고 웃는다. 그럴 만도 한다. 2년 동안 나를 가르쳐왔기 때문에 내가 얼마나 '꾀병'을 잘 부리는지 알기 때문이다. PT를 받아본 사람들은 알겠지만 PT는 몸의 모든 힘을 쥐어짜는 운동이다. 쉽게 말하면 '토'나오기 전까지 자신의 한계를 시험하는 것이다. 그런데 나는 곧잘 엄살을 부렸다.

내가 이렇게 몸을 사리는 이유는 나의 '에너지'를 잘 알고 있기 때문이다. 알다시피, 너무 무리한 운동은 오히려 독이 된다. 오늘날 직장인들을 보라. 그들의 하루는 바쁘다. 보통 아침 8시

에 출근해서 저녁 6시, 7시 정도에 업무를 마친다. 이제는 예전처럼 밤 9시를 넘도록 야근하지는 않지만, 그만큼 업무 강도는 더 세졌다. 8시간을 근무하더라도 집에 오면 녹초가 되기 일쑤다. 따라서 나는 업무에 집중하기 위해 에너지를 보존하려고 했고, 무리한 운동을 자제했다.

예전에는 더 했다. 퇴근하면 동료들과 꼭 소주를 한 잔 하고 들어갔다. 하지만 한 잔이 한 잔이 아니다. 한 병, 두 병, 세 병이 되기 일쑤다. 그나마 1차로 끝나면 다행이지만, 대부분은 그렇지 않다. 그러면 다음 날 피곤함이 몰려오는 건 너무도 당연하다.

더욱이 한국인들은 잠이 부족하다. 생명보험사 AIA그룹이 2016년 아시아, 태평양 지역 15개국 성인 1만 316명을 대상으로 조사한 결과, 한국인들의 평균 수면 시간은 6.3시간에 불과한 것으로 나타났다. 이는 조사 대상 15개국 중 '꼴찌'에 해당한다.

나이가 들수록 체력이 예전 같지 않기 때문에, 나는 꼭 지키는 룰이 있다. 그것은 7시간 이상 취침, 아침 명상, 그리고 운동이다. 하지만 나는 나의 의지를 믿지 못하기 때문에, 금요일 오후는 PT를 받는다. 성인이 되면 누구도 나에게 운동을 하라고 강요하지 않는다. 내 스스로 내 몸의 상태를 결정하고 책임져야 한다.

자, 이쯤에서 지치지 않는 체력을 갖추기 위한 나만의 노하우를 공개한다.

첫째, 취침 시간과 기상 시간을 일정하게 맞춘다.

반드시 아침형 인간이 될 필요는 없다. 다만, 일정한 시간에 잠자리에 드는 습관은 들여야 한다. 나만의 신체 리듬을 만들기 위해서는 그것이 필수적이다. 그렇지 않으면 기상 시간이 6시, 7시, 8시가 될 수 있다.

잠은 건강한 삶에 있어서 필수 요소다. 〈뉴욕 타임스〉가 뽑은 최고의 셰프 사민 노스라트(Samin Nosrat)는 수면 예찬론자이다. 그는 작가이자 요리사로서 많은 에너지를 쓰다 보니, 고갈된 에너지를 보충해야만 했다. 그는 '잠'이 가장 큰 에너지 공급원이라는 것을 깨달았다.

"잠을 자라. 충분히 자라. 실컷 자라. 그러면 나처럼 전혀 생각도 못한 베스트셀러를 쓸 수도 있고, 많은 사람들이 사랑하는 음식을 만들어낼 수도 있다. 집중하는 시간이 몰라보게 늘어남을 느끼게 될 것이다."

둘째, 매일 운동을 한다.

운동에는 두 가지 종류가 있다. 격렬한 운동과 적당한 운동이다. 격렬한 운동에는 마라톤, 러닝, 격투기, 기구 운동 등 다양한 운동이 있다. 앞서 언급한 바와 같이 나는 1주일에 한 번씩

PT를 받는다. 물론 격렬한 운동에는 부작용이 따른다. 그래서 나에게는 1주일에 한 번 내지는 두 번 정도의 격렬한 운동이 알맞은 것 같다.

적당한 운동으로는 요가, 걷기, 가벼운 조깅, 스트레칭 등이 있다. 적당한 운동은 특히 나이가 들수록 필수적이다. 보통은 회사에 입사하면 운동을 하지 않는다. 심지어 걷는 것조차 피하게 된다. 얼마 전 회사의 엘리베이터가 고장 나서 한 대만 가동한 적이 있었다. 그때 많은 사람들이 엘리베이터 앞에 줄서있는 것을 보고 깜짝 놀랐다. 우리 건물은 가장 높은 층이 7층이다. 걸어가면 5분이면 충분한 데, 20~30분을 기다리고 있는 것이다. 더욱 놀라운 것은 그 줄에 서있는 사람들 상당수가 20~30대 젊은이들이라는 것이다.

운동을 하기 위해서는 인간의 본능을 관장하는 변연계, 즉 '도마뱀의 뇌'를 설득해야 한다. 나의 도마뱀은 우리의 기본적인 욕구를 대변하는 곳이다. 생각을 통해서 결정하는 '숙고 시스템'이 아닌, 직감에 따르는 '자동 시스템'이다. 그런데 우리의 본능은 변화를 싫어하고 운동을 거부한다. 따라서 "동네 한 바퀴만 걷자." 또는 "아파트만 돌자." 하고 자신의 도마뱀을 달래야 한다.

셋째, 명상을 한다.

명상은 보통 마음만 연관이 있다고 생각하지만, 그렇지 않다. 마음이 편하면 몸도 건강해지기 때문이다. 마음이 불편하면 기본적으로 몸을 움직이기가 싫다. 세계적으로 유명한 강연가이자 베스트셀러 작가인 팀 페리스(Tim Ferriss)는 『타이탄의 도구들』이라는 책에서, 그가 만난 소위 성공한 사람들은 80%가 명상을 하고 있다고 말한다. 그들에게 명상은 삶의 일부이다.

"명상은 정신을 위한 따뜻한 목욕이다. (중략) 명상을 하면 한 걸음 뒤로 물러난 '목격자의 관점'을 얻게 된다. 생각에 사로잡혀 휘둘리는 대신 일정한 거리 뒤에서 나 자신을 관찰할 수 있다."

명상은 대단한 것이 아니다. 지금 당장 자세를 가다듬고 앉아 깊게 호흡을 해보자. 의자에 앉거나 바닥에 책상 다리로 앉아도 좋다. 먼저 들숨과 날숨을 하나로 카운트하고, 다섯까지 세자. 이것이 1세트이다. 시간이 있다면 10세트까지, 없으면 3세트만으로도 충분하다. 호흡을 시작하는 순간 온갖 잡념들이 머릿속에 떠오를 것이다. 화난 상사의 모습, 짜증나던 일, 오늘 해야될 일, 아이들의 웃는 모습 등. 그 잡념들을 없애려고 하지 말고 그냥 바라보자. 단, 1분만 나를 바라보는 것만으로도 명상의 효과가 있다.

명상은 나의 마음을 관찰하는 행위이다.

이 3가지의 도구들, 즉 규칙적인 수면, 운동, 명상을 어떤 식으로든 꾸준히 해보라. 그러면 자신도 모르는 사이에 강한 체력을 갖게 될 것이다. 아놀드 슈왈제네거 같은 멋진 근육을 갖자는 것이 아니다. 나의 일에 집중할 수 있는 '에너지'를 키우자는 것이다.

『만두와 사우나만 있으면 살 만합니다』의 저자 사이토 다카시 교수는 '사람은 신체를 기반으로 살아간다'는 행복론을 제기한다. 따라서 튼튼한 하드웨어가 있어야 부드러운 소프트웨어가 탄생할 수 있다.

오늘부터 시작해 보자. 지금 당장 밖으로 나가, 아파트 단지를 한 바퀴만 돌아보자. 주변의 아름다운 나무와 꽃들을 바라보면서 나의 건강도 챙길 수 있다. 지치지 않는 체력은 이러한 사소한 움직임에서 시작된다.

나를 극복하여
나를
증명해낸다

삼국지 속 인물을 통해 가치 있는 '나'를 만드는 비법

내가 제일 사랑하는 책은 중국 원말명초의 작가 나관중이 지은 소설 『삼국지연의』다. 보통 '삼국지'라고 불리는 이 책은 황건적의 난이 일어난 183년부터 사마염의 진나라가 중국을 다시 통일한 280년까지 약 100년 동안의 역사를 배경으로 한다. 세 나라의 각축으로 인해서 이때 중국의 인구는 5천만 명에서 천만 명으로 줄어들었다고 한다. 인류 역사상 가장 끔찍한 전쟁 중의 하나지만, 이 시대적 비극을 매력적으로 만든 것이 바로 『삼국지연의』다. 특히 생사를 넘나드는 위기 속에서 피어난 주군과 부하의 의리, 장수들의 우정, 그리고 형제애는 나의 가슴을 뜨겁게 한다.

최근엔 유비를 비판하는 사람이 많다. 중국의 작가 자오위핑은 유비를 '능굴능신'(能屈能伸)으로 묘사한다. 즉, 쉽게 굽히고 쉽게 펴는 사람이라는 말이다. 좋게 말하면 유연함(Flexibility)이고, 나쁘게 말하면 줏대가 없는 것이다. 그가 자신의 자식이나 처를 버리고 도망을 쳤다거나 친척뻘인 유장을 속여서 그의 땅을 빼앗은 것은 비난받아 마땅하다. 그러나 때는 난세였다. 성인군자 행세를 했다면 살아남기 힘든 상황이었다. 내가 살기 위해서는 남의 것을 빼앗을 수밖에 없었다.

반면 조조는 긍정적으로 재평가받는 인물이다. 당시에 허소라는 인물은 조조를 향해 "치세의 능신, 난세의 간웅"이라는 평가를 하였고, 이 평가는 꽤 오랫동안 받아들여져 왔다. 그래서 그를 대표적인 '악인'으로 평가하는 여론이 지배적이었으나, 오늘날에 와서는 다소 긍정적인 모습으로 재평가되고 있다. 그가 황제의 자리를 탐냈다고는 하지만, 결과적으로 자신은 황제가 되지 않았다. 오히려 그가 죽은 후 유비와 손권이 황제의 자리에 올랐다. 그는 주나라의 주공과 같은 명재상이 되어서 어린 왕을 보필하고 국력을 키우고 싶었다. 하지만 난세에 언제든지 자신과 후손들의 생명이 위협받는 상황에서 정권 교체를 생각할 수밖에 없었다.

이처럼 삼국지에서는 인간이라는 것이 꼭 단편적이지는 않으며, 절대적인 '선과 악'은 없다고 가르쳐 준다. 이것이 바로 이 책의 매력이다.

여기서 잠깐 생각해 보자. 만약 유비나 조조 같은 사람이 나의 보스라면 어떨까?

유비가 보스라면 좋은 점과 나쁜 점이 있을 것이다. 좋은 점부터 말한다면, 유비는 자신이 믿는 사람에게 확실히 권력을 이양한다. 그래서 내가 처리할 수 있는 업무의 범위가 넓어지고, 상대적으로 간섭은 적어질 것이다. 나쁜 점은, 자신과 친한 사람은 확실히 밀어주지만 내가 그의 눈에 들지 못한다면 인정받기가 힘들다는 것이다. 황충과 마초가 아무리 훌륭한 장수였다 한들, 관우나 장비를 대체할 수는 없었다. 마케팅의 귀재인 제갈량 조차도 관우와 끊임없이 경쟁을 했고, 결국 관우의 죽음을 초래한 것도 제갈량의 견제에서 시작된 것이라는 의혹이 제기된다.

그렇다면 조조는 어떨까? 조조는 아주 똑똑하고 현명한 사람이다. 확실히 조조 같은 사람 밑에 있으면 많은 것을 배울 수 있다. 이런 상사와 함께 일할 때는 어떤 난관이 닥쳐도 두렵지 않다. 상황에 맞는 솔루션을 바로 제공해주었기 때문이다. 그것도 일반인들의 상상을 뛰어넘는 솔루션을 말이다.

하지만 상사가 너무 똑똑하면 부하직원들의 생각을 잘 받아들이지 않는다는 단점이 있다. 조조의 밑에도 순유, 순욱, 곽가 등의 뛰어난 책사가 있었지만 결국 자신의 뜻을 고집했다. 그 자신이 '일인지하 만인지상'(一人之下萬人之上)의 승상이기 때문에, 누군가가 자신의 생각에 도전을 하면 그를 견제해서 나중에 토사구팽(토끼가 잡히고 나면 충실했던 사냥개도 쓸모가 없어져 잡아먹게 된다는 뜻) 시킨다. 대표적인 예가 순욱이다. 순욱은 조조 세력을 일으킨 1등 공신이었으나, 자신에게 충성을 다하지 않는다는 이유로 권력의 중심에서 밀려났다. 따라서 이런 보스를 만나면 조심해야 한다.

이렇게 삼국지에 나오는 다양한 인물들을 직장 상사들에 대입해본다면 여러 가지 문제들을 극복하는 지혜가 생길 것이다. 여기서 그런 보스들을 대처하고 위기를 극복하는 방법을 다음과 같이 제안한다.

첫째, 어떤 유형의 사람인지를 먼저 파악한다.

유비와 같이 너그럽지만 자신의 수족을 먼저 챙기는 사람인지, 아니면 조조처럼 강력한 카리스마로 부하들을 다스리는 사람인지 구분을 하고 그 유형에 자신을 맞춰야 한다. 만약 유비와 같은 상사라면, 자신을 강하게 어필해야 할 것이다. 제갈량처럼 자신의 논리를 갖고 밀어 붙여야 인정을 받을 수 있다. 하지만 조조와 같다면 대처 방식이 다를 것이다. 조조는 너무 튀는 사람을 싫어하지만, 머리가 좋지 않은 사람도 싫어한다. 따라서 적당히 자신의 지식을 보여주되, 결국은 상사에게 결정을 맡겨야 한다.

둘째, 권력에 도전하면 안 된다.

호랑이는 어떠한 상황에서도 호랑이다. 아무리 인자하게 웃는 호랑이라도 내가 도전하면 언젠가 잡아먹힐 수 있다. 『사서』에 나오는 일화다. 어떤 사람이 왕의 총애를 받을 때 그가 먹던 과일도 왕께 드리고, 왕의 수레도 마음대로 탔었다. 하지만 나이가 들어 왕의 총애가 멀어지자, 그가 하는 모든 행동이 미움받게 되었다. 결국 그는 궁에서 쫓겨나게 된다. 아무리 인자하게 웃어도 보스는 보스다. 따라서 상사가 아무리 친하고 살갑게 대해도, 부하직원은 그의 사랑을 믿고 호가호위하면 안 된다. 상사의 마음은 언제든지 바뀔 수 있다.

셋째, 진실해야 한다.

상대방이 가식적으로 대한다고 나까지도 가식적으로 대해서는 안 된다. 제갈량이 유비의 절대적인 신임을 받은 것은 그의 진실한 마음 때문이었다. 그가 유비의 아들 유선에게 간곡한 마음을 담아 올린 것이 있으니, 바로 〈출사표〉다. 그의 출사표를 읽어 보면 한 왕조에 대한 충성심과 유비에 대한 그리움이 절절이 녹아있다.

세계적인 토크쇼 진행자인 오프라 윈프리(Oprah Winfrey)는 다음과 같은 말을 남겼다.

"여러분과 리무진을 타고 싶어 하는 사람은 많겠지만, 정작 여러분이 원하는 사람은 리무진이 고장났을 때 같이 버스를 탈 사람입니다."

삼국지를 읽으면 우리는 인간관계에 대해 많은 것을 배우게 된다. 지금 주위를 둘러보라. 누가 유비인지 그리고 조조인지. 직장이란 일종의 상대성 원리가 지배하는 곳이다. 따라서 다른 사람과의 화합과 소통이 매우 중요하고, 그것에 맞춰 나만의 대응 방안을 세워야 한다. 지금 바로 『삼국지』를 펼쳐보고, 보다 가치 있는 '나'를 만들어 보자.

Part 2

THE GREATEST MESSENGER

여자의 아름다움을 그리는
힐러스트레이터(healer+illustrator)

_구한나

구한나

'Artist, Illustrator, Fit master, Shop master, Supervisor, 퍼스널 마케터, 작가'… 사람이든 사물이든, 오롯이 아름다움만을 바라보는 특별한 능력을 소유한 그녀에게 붙은 수식어다. 어린 시절 배구 선수로 활동하며 건강미를 갖추었고, 고등학생 때는 패션 쇼핑몰을 전공하면서 피팅모델 활동도 했다. 19세에 란제리를 생산, 판매하는 대기업에 입사한 후, 여성의 아름다운 보디라인(body-line)에 대해 누구보다 열정적으로 공부했다. 결국 21살이라는 '최연소' 나이로 CS매니저 자리에 오르는 데 성공한다. 그 후 6년 동안 국내 100개 이상의 란제리 매장을 교육하면서 매출을 올리는 핏마스터(Fit master), 샵마스터(Shop master), 그리고 CS매니저를 넘어선 슈퍼바이저(Supervisor)로 활동해 왔다. 이제는 '보디라인(body-line) 전문가'라는 명칭으로 다른 브랜드까지 입소문이 퍼져 수십 개의 경쟁사에서 스카우트 제의를 받는 그녀지만, 그 제의들을 모두 뿌리치고 새로운 꿈에 과감히 도전했다.

어릴 때부터 가슴 깊이 숨겨두었던 '그림'이라는 자신의 꿈을 꺼내어, 이제는 더욱 아름다운 세상을 그리고, 그림으로 사람들에게 힐링을 주는 '힐러스트레이터(healer+illustration)'로 활동하고 있다. 또한, 자신의 그림을 접목시켜 '퍼스널 마케터'로서 여러 가지 일을 성공적으로 론칭하고 있는 그녀는, 현재 책 쓰기 출판·교육 전문 기업 '책인사'의 브랜드 일러스트 및 마케팅 업무를 맡고 있으며, 자기사랑치유재단 'LOVEMYLIF2 project'에서 활약하고 있다. 또한 그녀의 강점인 보디라인에 대한 지식을 가지고, 최근에는 "젊은 여성은 물론, 사람들의 삶에 아름다움을 끌어올리겠다."라는 신념을 갖고 남녀노소 누구나 건강한 몸매를 갖게 해주는 유기농 다이어트 식품 브랜드 론칭을 준비하고 있다.

---

* INSTAGRAM : @911healer
* E-MAIL : goohanna930@gmail.com

오늘이
너의 마지막
날이라면

인생의 마지막 장면에서 절대 후회를 남기지 않는 방법

어린 시절, 나는 그림 그리는 것을 좋아하는 아이였다. 학교에 다니기 전부터, 틈만 나면 동생과 함께 스케치북을 펼쳐 놓고, 좋아하는 애니메이션 캐릭터들을 그리곤 했다. 초등학교에 입학해서 처음 미술 수업을 들었을 때, 나는 신세계를 보았다. 마음 놓고 그림을 그릴 수 있는 것은 물론이요, 누군가에게 내가 좋아하는 그림에 대한 기본 지식을 배우는 것 자체가 좋았다. 마치 새로운 세계에 들어온 듯했다. 게다가 선생님께서는 그림을 좋아하는 내 자세를 매번 칭찬해주셨다. 좋아하는 것에 칭찬까지 받으니 더더욱 미술 수업만 기다리게 되었다. 그래서인지 매 학기 받는 생활기록부에는 미술에 관한 이야기가 빠지지 않았다. "수업에 적극적으로 참여하며, 특히 미술 과목에 소질을 보임." 생활기록부를 받았을 때, 다른 과목에 관한 이야기는 보이지도 않고, 오직 미술에 관한 이야기만 눈에 들어왔다. 좋아하는 그림에 소질이 있다는 이야기를 들을 때마다 내 어깨는 저절로 으쓱여졌고, 더더욱 그림 그리는 것에 빠져 살게 되었다.

그렇게 시간이 흘러 중학생이 되었을 때, 나는 여전히 그림에 자신감이 넘쳤고, 그림 그리는 것을 좋아했다. 그런데 같은 반에 그림을 잘 그리는 친구가 있었다. 그 아이가 자랑스럽게 보여주는 그림에, 나는 그동안의 자신감이 모조리 박살 나는 절망감을 느꼈다. 그 친구의 노트에는 진짜 만화책에 나올 법한 캐릭터들이 그려져 있었다. 너무 완벽한 그림이었다. 그에 비하면 내가 그린 그림은 정말 아무것도 아니었다. 유년 시절 내내 그려온 나의 그림에 대한 꿈은, 그렇게 서서히 금이 가기 시작했다.

최근 '꽃길만 걸어도 모자란 20대들이 '자존감'이라는 단어를 잊은 지 오래'라는 기사를 본 적이 있다.

'알바천국'에서 20대 회원을 대상으로 설문 조사를 실시한 결과, 절반에 가까운 49%가 자신의 자존감 상태를 "낮다" 혹은 "매우 낮다"라고 응답한 것을 두고 기사를 쓴 것이다. 흥미로운 것은 이 설문에 응한 20대들이 결핍된 자존감의 원인으로

SNS(Social Network Service)를 꼽았다고 한다.

도대체 SNS와 자존감이 무슨 상관이 있을까?

SNS는 너무나도 쉽게 우리의 삶을 공유하게 해 준다. 휴대폰만 있으면 언제든지, 그것도 실시간으로 다른 사람들의 소식을 보고 들을 수 있다. 이러한 쉬운 접근성이 바로 자신과 타인을 비교하게 하는 것이다. 어떤 이들은 일명 '금수저'들의 해외여행 사진이나 명품 사진을 보고 자신의 보잘것없는 경제적 상황을 탓하고, 어떤 이들은 다른 사람들이 예쁜 연애를 하거나 결혼을 하는 모습, 당당히 회사에 다니는 모습을 보고 자신의 처지를 탓한다. 이처럼 많은 이들이 SNS를 보며 상대적 박탈감을 느끼는 것이다. '저 사람들은 저렇게 사는 데 …….'

정도만 달랐지, 학창시절의 나 역시 비슷한 박탈감을 느꼈다. 어렸을 때는 그림을 잘 그린다는 칭찬을 들으며 제법 자신감을 키웠지만, 중학교 때 갑자기 나타난 그 친구의 그림을 본 순간 자신감이 떨어졌다. 마치 다른 이들의 SNS를 보며 자존감을 잃어버린 오늘날의 젊은이들처럼 말이다.

처음에는 인정하고 싶지 않았다. '저 아이의 그림은 내 그림과 그림체 자체가 다른 거야. 그러니까 기죽을 필요 없어.'라고 생각하며, 오기를 부리듯 더 열심히 그림을 그렸다. 하지만 그러면 그럴수록 나의 자신감은 점점 사라져갔다. 아무도 그 아이와 내 그림을 비교하거나 평가하지 않았지만, 나 스스로 위축되어 갔다. 내 그림이 그 친구의 그림보다 못하다고 생각한 것이다. 그때부터 나는 그림을 그리지 않게 되었다. 대신 친구들과 더 열심히, 더 많이 뛰어놀기 시작했다. 원래부터 그림을 별로 좋아하지 않던 아이처럼 말이다.

어느 여름날, 배고픔에 지친 여우가 포도를 서리하기 위해 밭에 들어갔다. 그런데 포도가 꽤 높은 가지에 열려 있었다. 여우는 포도를 따기 위해 온갖 노력을 했지만 결국 따지 못했다. 여우는 돌아서며 이렇게 말했다.
"저 포도는 분명 신 포도일 거야."

생각해 보면 나도 여우와 똑같이 말했었다.
"나는 도망친 게 아니야. 그냥 그림보다 노는 게 더 좋을 뿐이야!"

하지만 이것은 솔직한 내 마음이 아니었다. 이것은 어디까지나 자기합리화였고, 내 마음속에 있는 그림에 대한 갈망을 애써 부정하고 있을 뿐이었다. 누구에게도 말하지 못했지만, 나는 언제나 그림을 그리고 싶었다. 그러나 자기합리화로 나를 애써 방어하기만 했다. 결국, 그 자기합리화로는 내 마음이 나아지지 않았다. 오히려 나의 자존감을 갉아먹기만 할 뿐, 자기합리화로 포장한 나의 솔직한 내면에는 두려움이 있었다.

'그림을 그리고 싶지만, 내 그림은 사랑받지 못할 거야. 자신이 없어.'

하지만 그러면서도 나는 내 안에 있는 그림에 대한 갈망을 견딜 수가 없었다. 가끔 지인들의 모습을 끄적이듯 그려 선물을 주는 것으로 그 갈망을 해소해왔다. 그럴 때면 그들에게 너무나 큰 감사의 인사와 칭찬을 받곤 한다. 그들은 내 그림을 좋아해 주고 소중히 간직한다. 그런 모습을 볼 때마다 나는 그림을 즐기던 유년 시절로 돌아간 듯 행복하다. 하지만 그들이 왜 계속 그림을 그리지 않냐고, 계속 그려보라고 권할 때면 곧장 포도 따기를 포기하는 여우가 되어버린다.

"에이, 난 그림을 제대로 배워본 적도 없는걸요."

"정말 감사하지만, 저에게 그림은 그냥 취미일 뿐이에요. 직업으로 삼을 건 아니죠."

"그림 그리는 걸 아무리 좋아해도, 이걸로 먹고 살 순 없잖아요?"

그렇게 자기합리화로 자존감이 만신창이가 되어가던 중, 전환점이 될 만한 글귀 하나를 선물로 받았다. 바로 나를 몇 년간 항상 지켜봐 주고 친언니처럼 조언을 아끼지 않던 홍민진(필명, A-ble) 작가님으로부터 받은 글귀였다.

"나는 네가 나를 대할 때 그냥 오롯이 너였으면 좋겠다. 나에게 잘 보이려 변하지 말고, 나에게 미움받지 않으려 숨기지 말고, 그냥 오롯이 너였으면 좋겠다."

순간 나도 모르게 울컥하고 말았다. 그분은 평상시에도 "넌 언제나 네 진심은 숨기고 남의 마음에 맞추어 그들이 듣기에 좋은 말만 하더라."라고 말해주시던 분이다. 나도 보지 못한 내 모습을 어떻게 그렇게 정확히 아셨을까? 생각해보니 나는 그림뿐 아니라 모든 면에서 나를 숨기고 살아왔다. 말도 행동도 다른 사람의 시선에 맞추어 행했다. 진짜 내 모습을 보이지 않으려 노력했다. 그러다 보니 내가 정말 사랑하고 좋아하는 그림을 그릴 때도 다른 사람을 의식하고, 다른 사람에게 잘 보여야 한다는 압박감 속에서 그림을 그렸다. 그런데 그분의 글귀는 마치 나에게 "네 마음대로 살아도 괜찮다. 남에게 맞추어진 삶이 아닌, 오롯이 네가 원하는 삶을 살아라."라고 내 귓가에 계속해서 속삭여 주는 것만 같았다. 그 말은 나에게 확실한 전환점이 되었다. 그날 이

후로 나는 '내가 진짜 원하는 것을 선택하며 살고 싶다'는 강력한 의지를 갖추게 되었다. 남에게 맞추어진 내가 아닌, 진짜 나의 모습을 드러내고 싶었다. 그러자 새로운 질문이 생겼다.

'어떻게 하면 진짜 나를 드러낼 수 있을까?'

이 질문에 대한 해답을 나는 독서 모임에서 찾았다. 마침 그 모임에서 읽고 있던 책은 『하워드의 선물』이었는데, 하워드 교수는 그 책에서 이런 말을 한다.

"만일 우리가 두 번 살 수 있다면, 한번 맞춰본 퍼즐 조각을 다시 맞출 때처럼 어떤 갈등이나 망설임도 없이 손쉽게 선택해가며 살 수 있을 거야. 정말 멋지지 않나? '인생의 마지막 장면에서 시작하기'는 그와 비슷한 효력을 지니고 있어. 끝을 알고 있는 자는 지금 어떻게 해야 할지도 알 수 있을 테니까."

하워드 교수는 인생의 마지막 순간에 꼭 남기고 싶은 게 뭔지 알고 나면 많은 것이 바뀔 것이라고 말해주었다. 그때 그 모임을 함께하던 누군가가 나에게 물었다.

"너는 네 묘비에 뭐라고 적을 거야?"

"음 ……, 나는 '참 행복하게 살았다.'라고 적고 싶어."

그렇다. 나는 행복하게 살고 싶다. 누구나 행복의 기준이 다르겠지만, 나의 행복은 다른 사람에게 맞춰진 삶이 아니라 '나를 사랑하고 내가 원하는 삶을 사는 것'이다.

하지만 만일 지금처럼 계속해서 타인의 시선만 의식하고 살다가 갑자기 나의 마지막을 맞이한다면 어떤 마음이 들까? 내가 진정으로 원하던 것들과 정말로 하고 싶었던 것들을 하지 못하고 살았던 것에 대하여 분명 후회할 것이다. 내 삶의 마지막 장면을 떠올리니 이제야 내가 진짜 원하는 것들을 떠올릴 수 있었다. 나의 내면 깊은 곳에는 언제나 그림을 그리고 싶다는 마음이 있었다. 그것이 진정 내가 원하는 것이다. 하지만 지금까지 나는 타인의 시선을 의식하며 살아왔다. 어릴 때부터 내가 진짜 원하는 것에만 집중했다면 나는 계속해서 그림을 그렸을 것이다.

사람은 자신이 정말로 원하는 것을 할 때 행복을 느낀다. 타인을 위해 봉사를 하며 행복을 느끼는 사람들도 사실은 자신이 원하는 것이기에 행복을 느끼는 것이다. 타인을 위해서 한다고는 하지만 결국 '타인을 위하는 것이 본인이 원하는 것'이기 때문이다. 그러므로 당신 내면 깊숙이 숨겨두었던 '당신이 진정으로 원하는 것'을 꺼내서 펼쳐봐야 한다. 만약 그것을 찾는 것이 어렵다면, 삶의 마지막 장면을 떠올려 보자. 인생의 마지막 장면에 있는 당신의 모습을 상상한다면, 당신이 진정으로 원하는 것을 찾기가 더욱 수월할 것이다.

그 마지막 날은 아무도 알 수 없다. 20년 후가 될 수도 있고, 50년 후가 될 수도 있고, 어쩌면 당장 오늘 밤이 될 수도 있다. 당신의 마지막 순간, 당신이 지나온 삶을 돌이켜보자. 당신이 선택해온 것들을 기억해보자. 당신은 아무런 후회가 없는가? 만약 아니라면, 아직 살아 있고, 당신이 원하는 것을 할 수 있는 시간이 남아있는 현재로 돌아와서 다시 생각해보자. 지금부터 당신은 무엇을 하고 싶은가? 당신은 분명 당신이 가장 원하는 것들을 하고 싶을 것이다.

자신이 진심으로 원하는 것들을 하며 사는 것이 바로 인생의 마지막 장면에서 후회를 남기지 않는 유일한 방법이다. 지금 당장 내 안에 숨겨 놓은 진짜 원하는 일을 시작하자. 오늘 당장 마지막 날이 오더라도 후회하지 않을 만큼 최선을 다하자. 그 모습이야말로 진정한 나의 모습임을 명심하자. 그렇게 하루하루를 살아가다 보면, 인생의 마지막 장면에서 "나는 행복하게 살았다."라고 고백할 것이다.

나는
그림으로
생각한다

좋아하는 일을 잘하는 일로 전환하는 5가지 방법

영국의 괴짜 기업가 리처드 브랜슨(Richard Branson, 버진 그룹 회장)은 즐기면서 일을 하는 대표적인 인물이다. 그는 그의 저서 『Dr. Yes! 닥터 예스』에서 "나는 여러 가지 사업을 하면서 살아왔지만, 한 번도 돈을 벌기 위해 사업을 한 적은 없었다. 사업에서 재미를 발견하며 즐겁게 하다 보면 돈은 자연히 따라왔다!"라고 말한다.

이런 말을 들으면 누군가는 "말도 안 돼!" 하고 반발할 것이다. 나도 한 때 그런 생각을 가지고 있었다. 좋아하고 즐기는 일을 선택하여 돈 버는 것을 포기하거나, 혹은 좋아하지 않는 일을 선택하여 돈을 벌거나, 둘 중 하나만 선택할 수 있다고 생각했다.

하지만 이에 관해 재미난 연구 결과가 하나 있다.

미국의 스롤리 블로트닉 연구소에서는 1960년부터 1980년까지 20년간 미국의 MBA 졸업생 1,500명을 추적하여 연구했다. 이 연구는 처음부터 졸업생들을 두 그룹으로 나누어 연구를 진행했는데, A그룹은 '먼저 돈을 벌어 돈 걱정을 해결한 후에 정말로 하고 싶은 일을 하겠다.'라고 생각한 그룹이고, B그룹은 '처음부터 흥미와 관심 있는 일을 하다 보면 돈은 자연스레 따라올 것이다.'라고 생각한 그룹이다. 1,500명 중 A그룹에 속한 사람은 1,245명(83%)이었고, B그룹에 속한 사람은 255명(17%)에 불과했다. 20년 후, 이들 가운데서 101명이 백만장자가 되었는데, 그중 A그룹에 속한 사람은 1명에 불과했고 나머지 100명은 놀랍게도 모두 B그룹에 속한 사람들이었다.

나도 예전에는 A그룹과 같은 생각을 갖고 있었다. 먼저 돈을 벌어 놓은 후, 정말로 하고 싶은 일을 취미로 해야겠다고 생각했다. 내가 정말 좋아하고 즐기는 그림으로는 성공할 수 없다고 생각했기에, 그림은 그저 취미로만 그려야겠다고 생각했다. 안정적인 직장을 가진 후 돈이 모이고 시간이 생기면 그때야 말로 내가 좋아하는 것을 하리라고 ······.

하지만 단지 돈을 벌기 위해서만 일을 한다면, 안정적인 생활을 성취할 때까지 그 오랜 시간을 과연 견딜 수 있을까? 무엇보다 즐겁지도 않은 일을 그렇게 오래 한다는 것이 과연 가능할까? 내 주변에만 해도 "일이 즐겁지 않아서 퇴사하고 싶다."라고 말하는 지인들이 여럿 있다. "노력하는 사람은 즐기는 사람을 이기지 못한다."라는 말이 있듯이, 즐겁지 않은 일을 위해 노력만 하는 사람은 같은 일을 하면서도 즐기는 사람에 비해 좋은 성과를 얻지 못한다. 다른 어떤 것보다 동기부여와 성취도에 있어서 큰 차이가 날 것이다. 일을 즐겁게 할 때 비로소 더욱 창의적이고 능동적으로 일할 수 있고, 능률도 오르며 좋은 성과도 낼 수 있다. 그러므로 오늘날 많은 기업경영인들은 '즐겁게 일할 수 있는 회사를 만들기 위해 고심하고, 또 노력하고 있다.

앞서 말했던 리처드 브랜슨 또한 마찬가지다. 그는 자신의 경영철학을 강조한다. "즐겁지 않으면 의미가 없다!" "일하는 것이 노는 것이고, 노는 것이 일하는 것이다." 그는 돈보다 직원의 행복과 만족도에 더 큰 의미를 둔다. 즐겁지 않으면 창조적인 아이디어가 나오지 않으며, 실행할 의지도 없다는 것이 그의 지론이다.

나 역시 이제는 그의 말에 적극적으로 동의한다. 나 역시 '즐기며 일하는 방법'을 알고 경험해 본 적이 있기 때문이다. 나는 20살에 한 패션 란제리 브랜드에서 아르바이트생으로 일하다가, 열심히 일하는 모습을 보고 스카우트 제의를 받아 신입사원으로 입사하게 되었다. 그리고 입사 후 나만의 '즐기며 일하는 프로세스를 통해 회사를 파악하고, 성과를 내어 단 1년 만에 직원들을 관리·교육하는 관리자가 되었다. 또한, 이를 통해 6년 동안 100개가 넘는 전국 매장의 직원들을 교육했다. 그렇게 나는 '최연소 샵마스터'이자 '최연소 슈퍼바이저'가 되었다. 20살 나이에 아르바이트생으로 시작하고 다른 직원들보다 나이도 한참 어렸던 내가 어떻게 1년 만에 다른 사람을 교육하는 자리까지 올라가게 되었으며, 또 6년 만에 그 사람들을 관리하는 관리자 자리까지 올라가게 되었을까?

　　그것은 내가 누구보다 그 일을 즐겼기 때문이다. 나는 일을 하며 항상 즐거움을 느꼈고, 그렇게 일을 하다 보니 이제는 어떻게 일을 해야 즐길 수 있는지, 또 어떻게 일을 해야 성과를 낼 수 있는지를 확실히 알게 되었다. 그 노하우 5가지를 독자들에게 공유하고자 한다.

첫째, 흥미 요소 찾기

내가 일할 회사에서 가장 먼저 하는 일은 이곳에서 나를 흥미롭게 하는 일들과 좋아하는 일이 무엇인지 찾는 것이다. 기본적으로 나 자신이 흥미를 느낄 수 있는 일을 하거나, 좋아하는 일을 할 때 재미를 느끼기 때문이다. 나는 원래 사람들을 만나는 것을 좋아하고 다양한 사람과 소통하는 것을 좋아했다. 내가 입사했던 곳은 그전에 일했던 직장보다 많은 직원이 있었고, 서비스업 특성상 다양한 사람들을 만날 수 있었다. 나는 다양한 사람들을 만나고 그들과 이야기하는 것을 좋아했기에, 그 자체만으로도 일단 그 일에 흥미를 느꼈고, 그 회사에서 일하기로 했다.

만약 나를 흥미롭게 하는 일이나 좋아하는 일을 하나라도 찾을 수 없었다면, 나는 그 회사에서 일하는 것을 진작 포기했을 것이다. 왜냐하면, 회사에 다니면서 얻는 소소한 즐거움이 단 하나도 보이지 않는 회사라면, 아무리 좋은 조건이라도 도저히 버텨낼 수 없기 때문이다.

둘째, 최종 목적지 탐색하기

나는 회사에서 일하면서 다른 사람들을 계속해서 관찰한다. 내가 도달할 최종 목적지를 찾기 위해서다. 목적지를 알고 가는 사람과 목적지 없이 가는 사람은 도달 위치도, 도달까지의 소요 시간도 크게 차이가 날 수밖에 없다. 그래서 나는 내 윗사람은 어떤 일을 하는지, 이곳에서 계속해서 일하면서 저 사람의 위치에 도달할 수 있는지 등을 생각하며 관찰을 한다.

입사 후 본사에서 진행하는 신입 직원 교육을 받던 날, 그곳에서 강의를 하던 슈퍼바이저는 나의 눈을 빛나게 해주었다. 많은 사람 앞에서 진정으로 즐기며 강의를 하는 그녀의 모습에 나는 '이거다!' 하는 생각이 들었다. 그래서 나는 이 회사에서 도달할 최종 목적지를, 전국 매장을 교육하는 '슈퍼바이저'로 설정하고 일을 시작했다.

셋째, 큰 그림 그리기

최종 목적지를 설정하고 나면, 거기에 도달하기 위한 단계들을 크게 설정한다. 그리고 각 단계에 도달할 예상 기간을 설정한다.

"나는 목표를 세운 다음 이를 머릿속에 구체적으로 그려본다. 그리고 목표를 실현하기 위한 추진력으로 열망을 품는다."

영화배우이자 가장 성공한 보디빌더, 아놀드 슈워제네거 (Arnold Schwarzenegge)가 한 말이다. 이처럼 목표를 세웠다면 반드시 구체적인 단계들을 명확히 설정해야 한다.

나는 '슈퍼바이저'라는 목표를 세운 후, 어떻게 하면 내가 그 자리까지 올라갈 수 있는지 알아보았다. 알아보는 방법은 간단하지만은 않았다. 그냥 윗사람들에게 물어보면 될 줄 알았지만, 내가 목표한 것은 그들보다 더 큰 그림이기 때문에 윗사람들의 모습을 관찰하면서 그들과 친해지려고 먼저 노력했다. 그 과정을 거치고 나서 윗사람들과의 친분을 통해 내가 가려는 목적지가 어느 정도의 기간이 걸리는지 구체적으로 설정되었고, 그렇게 큰 그림의 단계가 만들어졌다.

승급 준비 기간(6개월) → 리더(2년) → 매니저(3~5년) → 점장(5년) → 슈퍼바이저(최종 목적지)

넷째, 작은 그림 그리기

큰 그림을 설정했다면, 현재 내가 있는 단계에서 다음 단계로 넘어가기 위해 '당장 할 수 있는 일'을 찾아서 실행해야 한다. 무언가를 할 때 목표를 그리는 사람은 많다. 하지만 목표를 정해놓고 실행을 하지 않는다면 그 사람은 절대로 자신이 원하는 목적지에 도달할 수 없다.

당시 일반 직원이었던 내가 넘어야 할 첫 단계는 한 그룹을 관리하는 리더로 승급하는 것이었고, 그러려면 승급을 위한 '성과 지식' 자료를 만들어 제출해야 했다. 나는 교육을 통해 성과를 내겠다는 생각을 갖고 있었기에, 어떻게 교육을 할 것인지에 대한 교육 자료를 만들기로 결정했다. 그것이 바로 내가 '당장 할 수 있는 일'이었다.

다섯째, 좋아하는 일 접목시키기

당신이 지금 하고 있는 일에 좋아하는 일을 접목시켜 보라. 이렇게 하는 것은 '해야 하는 일'을 '즐기는 일'로 바꾸는 가장 쉬운 방법일 뿐만 아니라, '잘하는 일'로 만들 수 있는 가장 쉬운 방법이다. 작은 것이라도 좋으니, 당신이 좋아하는 것을 일에 접목시켜 보라. 그러면 우리는 충분히 좋아하는 일을 하면서 살 수 있다.

나는 사람들 앞에서 강의할 때, 강의를 위한 교육 자료에 사람들이 이해하기 쉽도록 그림을 넣고 싶다는 생각을 했다. 그러면 사람들이 훨씬 쉽게 강의를 이해할 것이기 때문이었다. 그림은 내가 워낙 좋아하는 것이었기에 어렵지도 않았다. 그때부터 나는 원하는 이미지를 인터넷에서 찾는 대신 직접 그림을 그려 넣었다. 만일 누군가가 시켜서 억지로 그림을 그려야 했다면, 교육 자료를 만드는 그 일은 꽤나 고통스러운 작업이었을 것이다. 하지만 그림 그리는 것은 내가 좋아하던 일이었고, 내가 정말 하고 싶었던 일이기도 했다. 그것을 강의에 접목시킬 수 있는 방법을 찾아 진행하니 그 일은 더욱 즐거워졌다. 그리고 그렇게 완성된 자료는 다른 사람이 만든 자료보다 평가가 좋았다.

나는 지금도 내가 하고 있는 업무에 좋아하는 일, 즉 그림을 접목시키고 있다. 현재는 마케터로서, 무언가를 홍보하거나 콘텐츠를 만들 때면 내 그림을 접목시킬 수 있는 방법을 찾는다. 또한, 공간을 꾸밀 때면 그림을 그려 인테리어 소품으로 쓰기도 하고, 이제는 아예 그림 의뢰를 받기도 한다. 이렇게 자신이 하는 일들에 좋아하는 일을 접목시킬 때 우리는 그 일에 더욱 애정을 쏟게 된다. 또한 애정을 쏟은 만큼의 결과가 자연스럽게 나타난다.

일이란, 살아가면서 결국 해야만 하는 것이다. 그리고 이왕하는 일이라면, 당신이 정말 즐겁게 할 수 있는 일을 하며 살기 바란다. 그래야 성과도 낼 수 있다. 일을 즐기면서 성공한 많은 사람들이 그 과정을 겪었고, 나 역시 그것을 통해 평범한 아르바이트생에서 최연소 슈퍼바이저가 되었다. 나는 지금도 내가 좋아하는 일들을 마음껏 하면서 돈을 번다. 당신도 당신이 좋아하는 일을 하게 되면 자연스럽게 즐길 수 있고, 즐기게 되면 성과는 자연스럽게 따라올 것이다. 일을 즐기고 있는 사람은 누가 시키지 않아도 스스로 목표를 세우고, 그에 따른 계획을 세우게 된다. 또한, 그 일에 더욱 집중할 수 있으며, 지치지 않고 더 열정적으로 나아갈 수 있다. 결국에는 그런 사람이 일을 잘하는 사람이 되고, 성공하는 사람이 될 수 있다.

목표를 이루는
가장 빠른 방법,
노출증에 걸리기

긍정 에너지를 가진 사람과 성과를 끌어당길 수 있는 방법

영국의 한 8살 소녀는 초등학교에서 늘 학습 부적응자로 지적되었다. 수업시간마다 안절부절못하며 정서 불안을 드러냈고, 성적은 바닥이었다. 참다못한 담임 선생님은 소녀의 부모에게 아이를 특수학교에 보내야 한다고 통보했다. 결국 소녀의 엄마는 아이를 데리고 병원에 간다. 하지만 소녀와 이야기를 나눈 의사는 소녀에게 엄마와 밖에서 이야기를 나누고 올 테니 잠시만 기다려달라고 한 후, 은은한 음악을 틀고 밖으로 나갔다. 그는 복도에서 벽을 가리키며 말했다. "이 벽에 작은 구멍이 있습니다. 이 구멍으로 따님이 뭘 하는지 들여다보세요." 소녀는 음악에 따라 마치 물결처럼 우아하게 춤을 추고 있었다. 그리고 의사

는 소녀의 엄마에게, 아이가 춤에 타고난 재능이 있으니 특수학
교가 아닌, 댄스학교에 보내길 권했다. 그리고 그 소녀는 20세기
최고의 발레리나이자 안무가가 된다. 이것은 세계 4대 뮤지컬에
속하는 〈캣츠〉와 〈오페라의 유령〉의 안무를 창조한 '질리언 린'의
어린 시절 이야기다.

이처럼 우리는 누구나 자신만의 강점이 있지만, 그것에 대해
인식을 하지 못하거나, 낮게 평가하는 경우가 많다. 어쩌면 당연
한 일이다. 통계적으로 사람은 자기 자신의 가치를 단 20%밖에
볼 수 없다고 한다. 스스로는 "나는 이 부분이 잘 났어." "나는
이 부분이 부족해."라고 판단하지만, 다른 사람들은 나 자신이
보고 있던 나의 모습과 전혀 다른 이야기를 해주기도 한다.

만약 질리언 린이 '문제야'라는 틀에 박힌 상태에서 남들과 똑
같이 평범한 삶을 살아갔다면 어떻게 되었을까? 아마도 남들과
다르게 행동하는 자신의 모습을 보며, '나는 왜 이러지?' 하는 생
각에 잠겨 자존감마저 낮아지는 삶을 살았을 것이다. 하지만 그
녀는 그러지 않았다. 어떤 상황 속에서도 자신의 모습을 있는 그
대로 계속 드러내었다. 그리고 결국엔 누구보다 찬란한 이름을
알리게 되었다.

우리도 그녀처럼 찬란한 이름을 알리려면 어떻게 해야 할까?

바로 질리언 린처럼 나의 진짜 모습을 드러내야 한다. 내가 가진 진짜 모습을 그대로 드러내다 보면 반드시 나의 재능을 알아봐 주는 사람을 만나게 된다. 혼자서 보지 못하는 당신의 재능을 봐줄 수 있는 사람들이 우리 주변에는 분명히 있다. 여기 드러냄의 중요성을 알려줄 사례가 하나 더 있다.

고등학교를 졸업하자마자 가수의 꿈을 이루기 위해 무작정 서울로 상경한 한 학생이 있었다. 그는 여러 아르바이트를 전전하면서 혼자 고시원에 살았다. 카페에서 아르바이트를 할 때, 그는 틈만 나면 손님들에게 자신의 꿈이 가수라고 얘기했다. 그리고 가장 좋아하는 가수가 그룹 '넬'이라는 것도 얘기했다. 어느 날 그 학생의 이야기를 들은 한 손님이 울림 엔터테인먼트(당시 넬이 소속되어 있던 회사)에 오디션을 보라고 권유했다. 그 손님은 바로 넬의 매니저였던 것이다. 오디션을 보러간 그 학생은 결국 오디션에서 합격했고, 늘 우상이라고 말했던 넬과 함께 음악을 하게 되었다.

'인피니트'라는 그룹으로 데뷔해 자신의 꿈을 이룬 '성규'의 이야기다. 만일 그가 만나는 사람들에게 지속적으로 자신을 드러내지 않았다면, 자신의 꿈을 말하지 않았다면, 자신이 좋아하는 가수를 말하지 않았다면, 과연 넬의 매니저가 왔을 때 기회를 얻었을까? 내가 드러내지 않는데 남들이 먼저 알아주는 일은 하늘의 별 따기나 다름없다. 그러므로 우리는 '나'라는 사람을 주변에 더욱 드러내야 한다.

그런 의미에서 나는 일종의 노출증이 있다. 벗는 것을 좋아한다는 의미의 노출증이 아니다. 좋아하는 것, 하고 싶은 것이 생기면 항상 주변 사람들에게 말하면서 드러냈다는 의미의 노출증이다.

나는 무엇이든 당당하게 드러내는 인생을 살아왔다. 단기적인 꿈이나 목표가 생겨도 주변 사람들에게 바로바로 드러내어 이야기했고, 그래서 내 주변 사람들은 항상 내가 무엇을 하고 싶어 하는지를 잘 알았다. 나는 회사에서 당시 슈퍼바이저였던 분을 롤 모델로 삼고 있다고 늘 이야기했다. 그러면서 말로만 그친 것이 아니라, 그녀처럼 교육하는 사람이 되기 위해 자료를 만들고, 공부하고 있다는 것도 드러냈다. 그러다보니 주변 사람들은 기회가 생길 때마다 나에게 정보도 주고 조언도 끊임없이 해주었다. 그것은 내가 꿈을 더 빨리 이루는 데 크나큰 도움이 되었다. 정말 중요한 순간에 결정적인 도움이 된 적이 한두 번이 아니었다. 내가 아르바이트생에서 시작해서 빠른 승진을 거듭할 수 있었던 것은 모두 내 노출증으로 인한 긍정적 효과 덕분이었다고 해도 과언이 아니다.

하지만 가장 사랑하고 애정을 가지는 그림에 대해서는 오히려 주변 사람들에게 아무 말도 하지 않았다. 자신감이 극도로 떨어져 있는 탓에 말하지 못했다는 표현이 맞을 것이다. 그럼에도 소소하게나마 계속 조금씩 그림을 그렸고 또 그 그림들을 교육 자료에 집어넣었다. 말하자면, 그림에 대해서는 언어가 아니라 그림 그 자체로 나 자신을 드러낸 것이다. 그림만큼은 그 자체를 담아내는 것에 더욱 집중했다. 때로는 그렇게 내 안에 있는 재능을 각인시키는 노출의 방식도 필요하다. 방식의 차이일 뿐, 그것 역시 드러내기 위한 준비의 과정이라는 것을 인식하기만 하면 된다. 그렇게 온전히 내 안에 집중시킨 그림들을 주변 사람들에게 그려서 선물해 줌으로써 나를 드러내는 것이 완성되었기에, 그들은 나의 재능을 인정해주었다. 그리고 내가 그림을 그릴 수 있는 환경을 제안해 주었으며, 함께 기회를 찾아주었다.

재능은 성공한 사람들만 타고나는 것이 아니다. 우리는 모두 자신만의 재능을 가지고 태어난다. 중요한 사실은, 그 재능을 드러내야 한다는 데 있다. 많은 사람들은 자신에게 기회가 주어져도 이렇게 이야기한다. "지금은 여건이 되지 않아." "언젠가 때가 되면 할 수 있겠지." 하지만 그렇게 내가 하고 싶은 일을 가슴 한 편에 쌓아두기만 한다면, 그때라는 것은 결코 오지 않을 수도 있다. 그러한 생각은 시간만 허비하는 것이며, 그러는 사이에 나에게 올 기회는 다른 사람에게 넘어갈 것이다.

"노래를 가장 잘하는 새들만 지저귀고 다른 새들은 모두 침묵한다면 숲은 더없이 고요할 것이다."

_ 헨리 반 다이크

우리는 노래를 가장 잘하는 새가 아닐지도 모른다. 그렇기에 우리가 사는 세상에서는 성공한 이들의 잘난 소리만 들린다. 하지만 그래도 괜찮다. 우리는 우리만의 특색을 가지고 있으며, 다 각자의 매력을 지니고 있다. 어쩌면 그 모습을 본인만 보지 못하고 있을 수도 있다. 따라서 노래를 잘하든 잘하지 않든, 노래를 부르는 새들을 보고 배워보자. 당신이 잘 났든, 그렇지 않든, 일단 당신의 모습을 그대로 인정하고 드러내 보는 것이다. 당신의 꿈을 응원해줄 수 있는 사람들에게 당신이 좋아하는 것들, 원하는 것들을 최대한 많이 드러내자. 그러면 꿈에 다가갈 기회들이 반드시 찾아온다.

『성격 급한 부자들』의 저자 다구치 도모타카는 성공하지 못한 사람들에 대해, "사람들은 하나같이 기회가 눈앞에 있어도 거

머춰지 못한다."라고 말한다. 내가 그랬다. 나에게는 그림을 그릴 수 있는 기회가 수도 없이 왔지만, 그 기회를 잡지 못한 채 시간을 보냈다. 자신이 없다는 이유로 회피하기만 했으며, 기회가 기회인 줄도 모르고 돌려보내곤 했다. 하지만 그림을 그리기로 마음을 먹자, 드디어 기회가 기회로 보이기 시작했다. 나는 그 기회들을 잡았다. 그리고 그 기회는 또 다른 기회를 만들어 냈다. 단순하게 지인에게 선물해 준 그림이 그 사람을 통해 또 다른 기회를 만들어준 것이다. 내 그림은 각종 콘텐츠로 제작되어 광고로 나가게 되었고, 기업의 캐릭터로 쓰이게 되었다. 현재 나는 LOVEMYLIF2 project에 참여해 사람들에게 힐링을 주는 일러스트레이터, 911_healer로 활동하고 있다. 나 자신을 드러내자 찾아온 기회였고, 나는 그 기회를 잡았다. 이건 이전의 나로서는 상상할 수 없었던 기적이다.

이제 나는 내 모습을 더 많이 드러내려 한다. 그리고 그것을 통해 찾아올 기회들에 더 많이 집중한다. 더 이상 나의 모습을 드러내는 것이 두렵지 않다. 오히려 너무나도 즐겁다. 깊숙이 숨겨두었던 나를 드러내면 꿈과 같은 기회들이 찾아온다는 것을 누구보다 잘 알고 있기 때문이다. 이 책을 보고 있을 당신에게 꼭 전해주고 싶은 격언이 있다.

"하지 않은 일을 후회하기보다는 차라리 해놓은 일들을 후회하리라."

_ **루실 볼(Lucille Ball)**

시작하지도 않은 일에 대해서 더 이상 고민하지 말고, 일단 노출하고 드러내는 것을 시작하기 바란다. 드러내는 것은 당신이 내릴 수 있는 선택의 한 종류이다. 당신은 그저 그 선택을 하기만 하면 된다. 얼마나 쉬운가? 그리고 선택에 따라서 오게 되는 수많은 기회를 그저 잡기만 하면 된다.

지금 당장 자신을 드러내는 것을 선택하라. 그리고 다가오는 기회를 망설이지 말고 잡아라. 그러면 이 세상의 모든 기적과 같은 성과들이 바로 당신의 곁에 머물게 될 것이다.

고독에 지지 않고,
고독을 단련할 수 있는
기술

혼자 있는 시간의 힘을 100% 발휘할 수 있는 에너지 순환 비법

"외향적인 사람은 타인을 만나면서 자신의 에너지를 충전하고 혼자 있을 때 에너지를 소모한다. 반면에 내향적인 사람은 혼자 있을 때 에너지를 충전하고 타인을 만나며 에너지를 소모한다."

전에 어떤 잡지에서 봤던 이 글에는 외향적인 성격과 내향적인 성격을 에너지를 얻는 방법에 따라 구분하고 있었다. 그 기준으로 본다면 나는 외향적인 사람에 가깝다. 나는 사람들을 좋아하고, 사람들 사이에 섞여 어울리는 것을 즐기며, 그들과 함께 시간을 보낼 때 에너지를 얻는다. 반면에 혼자 있을 때는 어떻게 시

간을 보내야 할지 몰라 축 처져서 그저 시간을 죽이기만 한다. 그러다 보니 혼자 있는 시간을 피하면서, 어떻게 해서든 사람들과 약속을 잡아 함께 어울리며 시간을 보내려고만 했다. 하지만 혼자 있는 시간은 피하려한다고 해서 피해지지 않았고, 계속해서 나에게 주어졌다.

혼자 있는 시간이 없는 사람은 없다. 외향적이냐 내향적이냐에 관계없이 모든 사람은 혼자 있는 시간을 갖게 된다. 그러므로 '혼자 있는 시간'을 어떻게 쓰느냐 하는 것은 사람에게 있어 매우 중요한 문제다.

안타깝게도 대부분의 사람들은, 그저 때우는 것으로 혼자만의 시간을 보낸다고 한다. 그런 시간을 '킬링 타임'(killing time, 비합리적인 방법으로 시간을 보내는 것)이라고 하는데, 계속해서 킬링 타임으로만 내 시간을 소모해버리는 것은 결국 에너지이자 재산인 내 시간을 계속해서 죽이는 것과 다름이 없다.

이런 우리에게 필요한 것이 바로 '미 타임'(me time: 스트레스 해소 및 에너지 재충전 등의 목적으로 자신만의 시간을 갖는 것)이다. '킬링 타임'과 달리 '미 타임'은 분명한 목적성을 가지고 있다. '미 타임'은 온전한 나만의 시간이다.

성공한 사람들의 대부분은 바로 이 '미 타임'을 잘 활용한 사람들이다. 미국의 천재적인 언어학자 중 '엘리 휴 버트리'라는 사람이 있는데, 그는 18개나 되는 고대어와 현대어, 그리고 22개의 유럽 방언에 정통한 학자이다. 놀랍게도 그는 원래 대장장이였다. 그에게는 언어를 공부하는 시간이 곧 '미 타임'이었다. 그는 대장간의 고된 일 가운데에 틈틈이 생기는 시간을 자신만의 시간으로 만들어 자신의 에너지를 성공적으로 순환했고, 결국 그로 인해 성공한 사람이 되었다.

"내가 성공한 것은 천부적인 재능이 있어서가 아니다. 나는 하루하루의 시간을 꼭 필요한 일에 투자했기 때문에 마침내 뜻한 바를 이룰 수 있었다."

"시간은 소멸하는 것이지만, 그것을 쓰는 방법은 우리 자신에게 달려있다."

천성적으로 외향적 성향을 가진 나는 언제나 '혼자 있는 시간'이 익숙하지 않았다. 그렇다고 피해갈 수는 없는 노릇이었다. 그래서 더욱 열심히 혼자 있는 시간을 '잘' 보내기 위한 고민을 했고, 그 방법을 찾기 위해 노력했다. 그리고 이제는 결국 혼자 있는 시간의 힘을 100% 발휘할 수 있는 나만의 방법을 찾았다.

나의 경우는 아무것도 하지 않고 늘어지는 것을 경계해야 했다. 늘어져서 보낸 하루는 너무나도 허탈하다. 허탈할 뿐만 아니라 우울하기까지 하다. 이렇게 허탈감과 우울감에 빠져버리면 결국 이것은 휴식이 아니라 도리어 엄청난 에너지를 낭비하게 된다. 만약 나와 같은 성향의 사람이라면, 정말 피곤한 상태가 아니고서는 생산적인 활동으로 에너지를 순환시키는 방법을 추천한다. 예를 들면 그림을 그린다던가, 독서를 하고, 강아지와 산책을 나갈 수도 있다. 물론 가끔은 온전한 휴식을 취하는 시간을 가져야겠지만, 평상시에도 계속 몸을 늘어뜨리는 휴식 시간만 가진다면 오히려 '휴식'이라는 목적이 무너져, 이 시간이 휴식이 아닌 '킬링 타임'이 되어버린다.

반면 내향적인 사람들은 혼자 있는 시간을 확보하지 못하는 것을 가장 경계해야 한다. 내향적인 사람들은 외부적인 활동에서 에너지를 소비하고, 혼자 있는 시간 동안 에너지를 충전하기 때문에 이 시간을 무조건 확보해야 한다. 그리고 그 시간을 그저 즐기기만 하면 된다. 이들의 활동이 남들의 시선에는 자칫 '킬링 타임'으로 보일 수 있겠지만, 외부에서 소모한 에너지를 충전하는 것이기 때문에 그들에게 이 시간은 '미 타임'으로 작용한다.

두 번째, 혼자 있는 시간을 온전히 목표를 이루기 위한 시간으로 활용한다.

세계적인 심리학자 앤더스 에릭슨의 유명한 연구가 하나 있다. 그는 엘리트 집단에서 공부하는 전문 바이올린 연주자들을 '세계적인 솔로 연주자가 될 가능성이 있는 최고의 연주자들', '좋은 연주자들', '연주보다는 바이올린 교사가 되기 위해 연습하는 사람들' 이렇게 세 그룹으로 나누어, 그들의 실력이 어디에서 비롯되었는지를 분석했다.

세 그룹에 속한 학생들은 대부분 여덟 살 즈음에 바이올린을 시작했고, 정해진 일과에 따른 음악 관련 활동 시간도 비슷했다. 통계상으로는 뚜렷한 차이점이 보이지 않았다. 하지만 그는 각 그룹 사이에 보이지 않는 엄청난 차이가 있다는 점을 발견했다.

세 그룹은 모두 일주일에 50시간 이상을 음악 관련 활동에 투자했다. 하지만 뛰어난 두 그룹은 음악 관련 활동 시간 중 대부분을 '혼자서 연습'했고, 그중 가장 뛰어난 그룹은 가장 성과가 나오지 않는 그룹에 비해 '혼자서 연습하는 시간'이 평균 3배가량 많았다. 가장 뛰어난 그룹은 일주일에 24.3시간(하루 3.5시간)을 혼자서 연습했는데, 가장 성과가 나오지 않는 그룹은 일주일에

9.3시간(하루 1.3시간)만을 혼자서 연습했다. 최고의 연주자들은 이처럼 '혼자 연습하는 것'을 가장 중요한 일로 꼽았다. 악단과 함께 연습하는 시간 이외의 여가를 혼자 연습하는 시간으로 최대한 활용하는 것이다. 그들은 자기에게 주어진 시간을 '자신이 진정으로 원하는 것'에 사용했기 때문에 이 시간이 오히려 본인들에게 유익을 주는 '미 타임'으로 작용한 것이다.

이처럼 뚜렷한 목표가 있는 사람은 혼자 있는 시간을 잘 활용한다. 이들에게 혼자 있는 시간은 가장 집중할 수 있는 시간이며 또한 에너지를 얻는 시간인 것이다. 나 역시 혼자 있는 시간이 내 목표에 다가가기 위해 최적화된 시간이었다. 나는 그 시간에 주로 교육 자료를 만들고, 강의를 하는 모습을 상상하고, 강의 연습을 했다. 그리고 그 과정 속에서 자연스럽게 내가 원하는 모습들이 이루어진 상상을 하게 되어 더욱 에너지가 충전됐다. 그랬을 때 외향적인 내게 끔찍하기만 했던 혼자 있는 시간이, 오히려 다른 이와 함께 있을 때보다도 더 신나고 즐거운 시간이 되었다.

세 번째, 혼자 있는 시간에 항상 내 모든 것에 대해 긍정적인 믿음을 가진다.

우리는 인간이기 때문에, 살다 보면 난관에 부딪히기도 하고 나태해지기도 한다. 때로는 부족해 보이는 나 자신에게 실망하기도 한다. 어쩐지 이런 일들은 유독 혼자 있는 시간에 많이 찾아온다. 하지만 감정에 휘둘리다 보면 머릿속은 온통 부정적인 생각들로 가득찰 것이다. 이럴 때는 먼저 감정을 가라앉히고 생각을 비워야 한다. 그 후에 긍정적인 '믿음'을 가져본다. 종교가 있든 없든 그것은 중요하지 않다. 조용히 눈을 감고 심호흡을 한 뒤 상상 해보자. 지금 내 안에 있는 부정적인 것들이 비워지고, 그 안에 '긍정적인 믿음'이 채워지는 상상을 말이다.

"네 믿음대로 될지어다."

_ MATTHEW 8:13

어릴 때부터 부모님은 이 말씀을 자주 해주셨다. 나는 이 구절을 밥 먹듯이 듣고 자랐다. 이 말씀은 지금까지 살아오면서 나에게 가장 큰 힘이 돼주었다. 지금도 내 안에서 부정적인 생각이 들 때마다 이 말씀을 떠올린다. 그러면 '아, 이런 생각을 하면 정말 그렇게 될 거야.'라는 생각이 들면서 부정적인 생각을 얼른 내려놓고 비워내게 된다. 그리고는 '나는 결국 잘 될 거야.'라는 긍정적인 생각을 채워 넣으며 나의 불안한 마음을 정화한다. 생각에도 에너지의 순환이 반드시 필요하다. 우리에게는 항상 우리 자신을 부정하고자 하는 생각들에 휩싸이기 때문에, 모든 것을 내려놓고 비우면서 나를 정화하는 시간을 가져야 한다.

"그 어떠한 목표도 인간이 도달하지 못할 것은 없으며, 비전과 스스로에 대한 믿음이 있는 사람이라면 불가능한 일도 가능하게 만들 수 있다."

_ 리처드 브랜슨(영국 버진그룹 회장)

"믿음은 사람들이 살아가는 힘 그 자체이다. 믿음의 부재는 붕괴를 의미한다."

_ 윌리엄 제임스(20세기를 관통하는 심리철학서, 「심리학의 원리」 저자)

성공한 사람들의 공통점은 이처럼 강력하고 긍정적인 믿음을 가지고 있다는 것이다. 수많은 베스트셀러 작가들, 수많은 노벨상 수상자들, 그 외에 자기 분야에서 성공을 이룬 모든 사람이 공통으로 강조하는 것은 바로 강력하고 긍정적인 믿음이다. 세상은 내가 믿는 대로 이루어진다는 그 믿음 말이다. 그 때문에 우리는 스스로 '믿음'으로 나를 충전하는 '미 타임'을 가지려 노력해야 한다. 물론 그 긍정적인 믿음을 얻으려면 반드시 우리 안의 모든 부정적인 것들을 내려놓고 비우는 것이 선행 되어야 한다는 것을 잊지 말자.

<u>**네 번째, 포기하지 않고 계속해서 시도한다.**</u>
"이 또한 지나가리라."

내가 가장 좋아하는 지혜의 왕 솔로몬의 말이다. 나는 힘든
시간이 찾아오면 이 말을 기억하면서 이겨낸다. 나를 힘들게 하
는 시간은 내 삶의 지극히 작은 부분에 불과할 뿐, 결국 지나가
면 아무것도 아니라는 생각을 하면서 절대 포기하지 않는다.
네덜란드의 인상주의 화가 빈센트 반 고흐(Vincent Van
Gogh)는 자기가 좋아하는 그림만을 그리기로 유명한 사람이었
다. 당시 다른 많은 사람에게 대중성을 인정받지 못했으나, 자기
가 원하는 그림을 꾸준히 그리며 자기의 길을 갔다.

"열심히 노력하다가 갑자기 나태해지고, 잘 참다가 조급해지고,
희망에 부풀었다가 절망에 빠지는 일을 또다시 반복하고 있다. 그
래도 계속해서 노력하면 수채화를 더 이해할 수 있겠지. 그게 쉬
운 일이었다면 그 속에서 아무런 즐거움도 얻을 수 없었을 것이다.
그러니 계속해서 그림을 그려야겠다."
_ 빈센트 반 고흐, 「반 고흐, 영혼의 편지」

사람들이 성공하지 못하는 이유 중 하나는 버텨야 할 시간을 버티지 못하고 포기해 버리기 때문이다. 그렇게 삶이 끝나는 그 순간까지도 그림을 포기하지 않았던 고흐는, 살아서는 대중들에게 전혀 인식되지 않던 인물이었지만 후세에는 모든 대중이 인정하는 세기의 화가가 되었다. 물론 그도 내면의 에너지를 쌓아두기만 하지 않고 적절하게 순환했다면, 같은 시대에 활동했던 친우 고갱처럼 살아생전에도 이름을 알리는 화가가 될 수 있었을 것이다.

단언컨대, 혼자 있는 시간 동안 내면의 에너지를 잘 관리하는 것은 매우 중요하다. 앞 장들에서 말했던 3가지 방법, 즉 '인생의 마지막 장면에서 절대 후회를 남기지 않는 방법', '좋아하는 일을 잘하는 일로 전환하는 5가지 방법', '긍정 에너지를 가진 사람과 성과를 끌어당기는 방법'은 모두 이 장에서 말하는 '혼자 있는 시간의 힘을 100% 발휘할 수 있는 에너지 순환 비법'에서 비롯된다.

시간은 굉장히 소중하다. 시간은 누구에게나 공평하게 주어지며, 지금 이 순간에도 흘러가고 있고, 한 번 지나간 시간은 무슨 수를 써도 절대로 돌아오지 않는다. 그러므로 혼자 있는 시간을 어떻게 사용하느냐와 그 시간을 통해 어떻게 에너지를 순환시키느냐 하는 것은 정말 중요하다. 그에 따라 우리의 미래는 달라질 것이다. 성공한 사람들은 모두 오롯이 혼자 있는 시간을 잘 활용하여 큰 성공을 만들었다는 점을 기억해야 한다.

인생에는 반드시 어려움이 찾아오기 마련이다. 두려움이 엄습할 때도 있을 것이다. 하지만 포기하지 말자. 모든 것이 잘 될 것이라는 긍정적인 믿음을 갖자. 그리고 혼자 있는 시간을 에너지 순환의 시간으로 잘 활용하자. 무엇보다 끝까지 시도하자. 그러면 그 작은 시간들이 모여서 결국에는 더 좋은 앞날을 당신에게 끌어당겨 줄 것이다.

Part 3

THE GREATEST MESSENGER

늘 새로운 길에서
0.1%의 꿈에 도전하는 Black Swan
_김수안

김수안

'상상하면 꿈이 현실이 된다'. 그녀만큼 이 문장이 어울리는 수식어가 있을까. 대학 시절 4년 내내 공무원 시험만 준비했던 저자는, 졸업반 때 우연한 계기로 항공사 면접장에 갔다가 항공사에 입사하겠다는 꿈을 갖게 되었다. 그 꿈을 현실로 만들어, 대한항공 여객운송부 서비스 인턴사원으로 입사했다.

스물다섯에는 오로지 유니폼과 세련된 회사 이미지에 반해 홍콩의 세계적인 항공사 케세이퍼 시픽에 지원했고, 끈질긴 집념으로 상상을 현실로 만들었던 그녀였지만, 서른의 고지를 눈앞에 둔 20대 후반, 대부분의 여성에게 찾아오는 고민인 '내 인생 이대로 괜찮을까?'를 끊임없이 자문하다가, 좀 더 넓은 세상으로 나가기 위해 4년 동안 다니던 안락한 직장을 과감히 그만둔다. 2년 동안 모든 열정을 쏟아부어 '해외취업'이라는 새로운 꿈에 도전했다. 그렇게 6년이라는 경력단절의 시간을 겪은 그녀였지만, 반드시 이루어진다는 확고한 믿음으로 인내하고 도전한 결과, 서른넷에 다시 외항사인 '카타르항공'에 입사하게 된다. 카타르항공 도하 본사에서 3년을 근무하고 귀국하여, 지금까지 카타르항공 한국 지사 화물영업부에서 근무하고 있다.

마흔을 넘어선 지금, 그녀는 또다시 새로운 꿈을 꾼다. 어린 시절 가슴속에 간직했던 소설가의 꿈을 이루기 위해 도전한다. 그녀는 이번에도 상상을 현실로 바꾸고 있다. 이미 '블랙 스완'이라는 필명으로 꾸준히 집필활동을 하며 온라인상에서 인지도를 넓혀가고 있는 그녀는, 현재 서울경제신문에 칼럼을 기재한 칼럼니스트이며, 서른에 직면한 여성들을 위한 자기계발서와 그녀만의 독특한 경험을 담은 여행 에세이 출간을 앞두고 있다.

---

* E-MAIL : Blackswan17sep2011@gmail.com

서른,
새로운 길에
발을 내딛다
30대에 새로운 터닝 포인트를 맞이하는 방법

2018년 5월에 방영했던 SBS 주말드라마 〈착한마녀전〉에서는 주인공 이다해가 항공사의 승무원을 준비하는 과정부터 항공사에 입사한 후의 이야기를 코믹하게 그려내, 많은 승무원 지망생들의 흥미를 자아냈다. 항공사에서 일한다고 하면 보통 멋진 유니폼에 올림머리를 하고 한손에는 캐리어를 끌며 당당하게 공항을 활보하는 항공승무원들을 떠올린다. 하지만 방송국에 화려한 연예인이나 아나운서만 있는 것이 아니라 수많은 부서와 스텝들이 있는 것처럼, 항공사에도 많은 부서와 직원들이 있다.

나는 바로 그 직원들 중 하나다. 카타르항공 한국지사 화물

영업부에 근무하며, 대부분의 대한민국 직장인들처럼 아침 아홉 시까지 출근해서, 보통 일주일에 3일은 야근을 하고, 하루는 회식을 하는 삶을 살고 있다.

카타르항공 한국지사에 입사한 건 내 나이 서른여덟. 입사후 2년간 공항에서 근무를 하고, 나이 마흔에 광화문에 있는 화물영업부로 부서이동을 하게 되었다. 회사의 수익을 내야 하는 영업부는 항공기의 입항과 출항을 관리하는 공항 오퍼레이션과는 일을 보는 관점부터 달랐다. 공항에서 근무를 할 때는 쉬는 날에도 회사 이메일을 열어볼 정도로 업무에만 푹 빠져서 지냈지만, 부서를 이동하고 나서는 새로운 환경 특히 '사람'에 적응하기 바빴다.

2년 동안 함께 일했던 동료들과 같은 사무실로 배치받긴 했지만, 업무 부서가 다르다 보니 왠지 모를 거리감이 느껴졌다. 그런가 하면, 고객사와 회식이 잦은 부서라 회식문화의 신세계를 경험하기도 했다. 소주를 마시지 못하는 나는 빠르게 소주잔이 돌고 있는 회식 자리에서 맥주만 홀짝홀짝 마시며, 꿔다 놓은 보릿자루처럼 어색하게 앉아만 있었다. 과거에도 항공사의 여객부서와 화물부서를 오가며 다양한 일을 했었고, 회사를 몇 번 옮긴 적도 있어서 새로운 환경에 처하는 것이 처음도 아니었지만,

이번에 맡은 영업 관련 업무는 생각처럼 녹록지 않았다. 게다가 가까워지려고 노력하는데도 계속 겉돌기만 하는 동료들과의 관계에 서서히 지쳐가기 시작했다.

그렇게 힘든 하루하루를 보내고 있던 어느 날, 함께 점심을 먹던 동료가 갑자기 재미있다는 듯이 말했다.

"A대리가 수안 대리는 4차원이라서 적응하기가 쉽지 않다고 말했다네요."

순간 망치로 얻어맞은 것처럼 머리가 멍해졌다.

'그 사람이 나한테 적응하기 쉽지 않다는 거야, 아니면 내가 그 부서에 적응하기 쉽지 않다는 거야?'

그동안 쌓아두었던 설움이 폭발이라도 하듯 나는 얼굴이 빨개져서 물었다.

"지금 저한테 그 말을 왜 전하시는 거예요? 저라면 그냥 듣고 말았을 거 같은데, 굳이 그 말을 전하는 이유가 뭐죠?"

그날 이후, 나는 변하기로 결심했다. 새로운 사람들도 만나보겠다고 생각했다. 매일같이 출퇴근하며 똑같은 직장동료들만 봐서는 곧 지쳐 떨어질 것 같았다. 나는 오래 일을 하고 싶었다. 그러려면 직장과 동료들에게만 매달려선 안 되겠다는 생각이 들었다. 그래서 나는 독서모임, 영화모임, 영어 스터디, 와인 동호회

등 다양한 모임에 참여하기로 했다. 일주일에 적어도 두 번은 새로운 사람들을 만나기로 계획했다.

이런 모임에 참석하며 다양한 직종에서 일하는 사람들을 만났다. '세상에 직업은 참 많기도 하구나.' 하고 느끼며, 내가 몸담고 있는 항공업이 전부가 아니라는 생각도 하게 되었다. 와인동호회에서는 평소에 만날 수 없는 사람들을 만났다. 펀드매니저, 회계사, 동시통역사, 공연기획자, 처음 만나는 사람마다 "사는 곳이 어디예요?"를 묻는 서른 살 중반에 아무런 직업도 없이 와인동호회만 참석하는 강남의 부잣집 딸. 이런 모임들은 참가할 때는 늘 새롭지만 모임이 끝난 후엔 왠지 모를 허탈감으로 가득 찼다. 모임이 끝난 후에도 가깝고 친밀한 관계가 형성되는 것이 아니라, 그냥 그 시간 동안만 웃고 떠드는 만남이었던 것이다.

그래서 이번에는 뭔가를 배우러 다니기 시작했다. 한솔요리학원 주말 기초요리반에 등록해 요리도 배웠고, 소셜 액티비티 앱 '프립'을 깔아놓고 그림 그리기, 바이올린 원데이클래스, 필라테스, 귀걸이 만들기, K-POP 댄스 등 다양한 클래스에 참석했다. 세상에 이렇게나 다양하고 수많은 취미활동이 있는지도 처음 알게 되었지만, 예전부터 배우고 싶었던 것들을 맛보기 과정으로라도 배울 수 있어서 좋았다. 하지만 이런 취미활동들 역시 지속성이 없었다.

그러던 중 매우 특별한 강의 하나를 발견했다.

'하루 만에 배우는 책 쓰기'

순간 어렸을 때부터 막연하게 동경하고 있었던 글쓰기에 대한 감정이 고개를 들었다. 언제부턴지는 모르겠지만, 난 항상 언젠가는 작가가 되겠다는 생각을 하고 있었다. 학창시절에는 교내 글짓기 대회에서 상도 몇 번 받은 적이 있어서, 글을 잘 쓴다는 말은 종종 들었던 터다. 하지만 거기까지였다. 항상 막연하게만 생각했던 작가의 꿈, 그래서 우연히 발견한 이 특강이 너무나 반가웠다. 세상에 이런 특강도 있구나 하며 곧바로 신청했지만, 이런 저런 일들로 두 번이나 취소를 했다. 그리고 드디어 2017년 11월 18일, '하루 만에 배우는 책 쓰기' 특강에 참가하게 되었다.

『하루 1시간, 책 쓰기의 힘』의 저자인 이혁백 작가의 4시간 핵심 특강이었다. 나는 태어나서 작가라는 직업을 가진 사람을 처음 만나봤다. 4시간이나 되는 강의였는데도 전혀 지루하지 않았고, 강의를 들을수록 책 쓰기에 대한 호기심이 점점 커졌다. 처음에는 글을 잘 쓰는 노하우를 배우고 싶다는 가벼운 마음으로 참가했는데, 어느덧 무언가에 홀린 듯 가슴이 뛰면서 책을 쓰고 싶다는 생각이 머릿속을 가득 채웠다. 결국 한 단계 더 심화된 과정에 등록했다.

'12주 책 쓰기 극한 실전반'

12주 동안 코칭을 받으며 책 쓰기의 모든 과정을 배우는 코스였다. 무엇보다 평생 책을 쓸 수 있는 자생력을 얻게 된다는 말에 바로 시작하게 되었다.

12월 10일부터 시작된 12주 과정. 매주 일요일마다 '감동'이라는 공간으로 향하는 내 마음이 얼마나 설레고 벅찼는지 아마 사람들은 모를 거다.

나는 지나간 시간의 경험과 이야기를 풀어놓는 것부터 시작했다. 나의 진짜 인생을 찾아 나섰던 서른 살 무렵의 이야기들을 썼다. 무엇이든 쓰고 싶은 것을 쓰면서 '나'를 드러냈다. 처음에는 나를 드러낸다는 것이 너무나 힘들었다. 사람들은 자신의 속내를 보여주는 것은 꺼리면서 남의 이야기는 단순한 흥밋거리로 생각한다. 그런 이들에게 나의 은밀한 이야기를 꺼내놓으면 언젠가 상처로 돌아올 수 있다는 것을 잘 알고 있기 때문이다.

하지만 책을 쓰면서 그런 생각들도 점점 변화되어 갔다. 있는 그대로의 나를 드러내고 표현해도 괜찮다는 확신을 갖게 되었다. 그렇게 글로 마음껏 나를 표현하면서, 그동안 나를 묶어놓았던 과거의 상처들과 타인의 시선들에서 나는 자유로워짐을 느꼈다.

나는 항상 열심히 사는 것 같은데 늘 제자리였다. 지친 하루가 끝난 뒤엔 안식 대신 무기력과 허탈감만 밀려들었다. 그리고 거기에서 벗어나고자 이것저것 다 해봤지만 나아지는 것은 아무 것도 없었다. 하지만 책을 쓰면서 그 모든 것들이 해소되었다. 누구라도 마찬가지다. 과거의 상처에서 치유되고 자기 본연의 모습을 찾아 '나답게' 살 수 있는 가장 좋은 방법은 책을 쓰는 것이다. 책 쓰기는 우리의 삶에 새로운 전환점을 가져다줄 것이다.

나이 어린 상사와의 하드 토킹 Hard Talking이 필요할 때

동생뻘 상사와의 업무 소통을 이끌어내는 방법

2003년 출간된 후 27개의 언어로 번역되어 전 세계를 강타했던 로젠 와이즈버거의 소설 『악마는 프라다를 입는다』는 6개월간 뉴욕타임즈 베스트셀러 자리를 지키며, 미국에서만 1백4십만 부 이상이 판매되었다. 저자 로젠 와이즈버거는 실제로 유명 패션잡지 『보그』의 편집장 비서로 일했던 경험이 있어, 그 경험을 살려 뉴욕의 패션가 이야기를 생생하게 그려놓았다. 2006년에는 메릴 스트립과 앤 해서웨이가 주연한 영화로도 만들어져, 지금까지 많은 사람들의 가슴을 울려주고 있다. 겉으로는 뉴욕의 화려한 패션계의 이야기 같지만, 사실 이 영화는 꿈을 안고 패션 잡지에 취직한 한 사회초년생이 악마 같은 상사 아래서 일을 하며 일과 사랑을 지켜내기 위해 고군분투하는 좌충우돌 성장기를 담고 있다.

악명 높기로 유명한 편집자 미란다 프리슬리는 비서 안드레아가 입사하자 말 한마디 건네지 않고 무시를 하다가, 점점 회사 업무뿐만 아니라 자기 아이들이나 애완견 관련 개인적인 일들로도 24시간 쉴 틈 없이 전화를 하고 지시를 내린다. 안드레아는 그녀의 온갖 잡무를 처리해야 하는 시간적, 정신적 스트레스로 마음의 여유가 없어져, 남자친구를 포함해 가깝게 지냈던 친구들과도 멀어지게 된다. 자신의 꿈을 위해 딱 1년만 버티기로 결심한 곳에서 그녀는 오히려 일과 사랑 모두를 잃을 위기에 처하게 된 것이다. 영화는 상사 때문에 자존심에 상처를 입고 멘탈이 붕괴되는 경험을 해본 사람, 퇴근 후 친구들이나 남자친구와 술 한 잔 하며 초라해진 자신의 모습을 한 번이라도 위로받아본 사람이라면 누구나 공감할 수 있는 현실을 담아냈다. 이 소설과 영화가 베스트셀러가 된 것은 그만큼 많은 사람들이 공감을 했기 때문일 것이다.

나는 카타르에서 3년을 일하고 서른일곱이라는 나이에 한국으로 돌아와 다시 직장에 들어갔다. 해외 취업에 실패하면서 의도하지 않게 6년간의 경력단절 기간을 갖게 되었는데, 그 기간은 내가 생각한 것보다 훨씬 컸다. 한 회사, 한 부서에서 오랫동안 같은 일을 해오던 사람들과 직급이라는 눈에 보이는 격차가 생겨났고, 대부분의 상사들은 나보다 어린 사람들로 채워져 있었다. 그렇다. 나는 부서장보다 나이가 많은 경력직 신입직원이 된 것이다. 나이 어린 상사들과 일하는 것이 무슨 문제겠는가? 애초에 나이가 걱정되었다면, 다시 사회로 나가 직장생활을 해야겠다는 생각을 하지 않았을 것이다. 나이 자체는 나에게 아무런 걸림돌이 되지 않았다.

하지만 사람들의 마음은 나와 같지 않았다. 자기들보다 나이와 경력이 많은 신입직원을 보는 상사들의 마음은 그렇지 않았던 것이다. 요즘 같은 취업난에 늦깎이 취업생들이 많아지고 경력직 채용도 많아지면서 기업에서는 나이 제한이 없어지고 있지만, 사실상 채용을 할 때 기업들은 많은 우려를 한다. 2016년 취업포탈 〈사람인〉에 따르면, 기업들이 나이 많은 경력직 신입을 꺼리는 이유는 '위계질서의 혼란' 때문이라고 한다. 선배와 신입직원 간의 호칭 문제와 그로 인한 소통의 부재, 어린 상사를 견뎌내지 못하고 사내 부적응이나 퇴사로 이어지는 등 회사의 분위기가 흐려질 것을 걱정하는 것이다. 거기다 나이 어린 상사들은 자기보다 나이 많은 경력직 직원들이 혹시라도 자신을 만만하게 보지는 않을까 하는 걱정을 늘 가지고 있다. 이쯤 되면 싸워야 할 것은 내 안의 두려움이 아니라, 나이 어린 상사들이 나에 대해 가지는 편견과 선입견이다.

나는 원래 남의 비위를 맞추는 일에는 관심이 없었다. 10년 넘게 직장생활을 했지만, 상사에게 잘 보이려고 혹은 그들의 마음에 들려고 의도적인 노력을 해본 적이 없다. 하지만 이런 문제가 생기다 보니, 하루에도 수없이 쏟아지는 직장생활 관련 책들을 읽고 또 적용해보려고 노력했다. 그렇다고 원래의 내가 가지고 있던 꼿꼿한 기질이 변하지는 않았다. 업무 능력보다 정치적 능력이 더 중요한 조직생활에서는 나의 이런 기질이 어쩌면 치명적인 단점일 텐데 말이다. 대부분의 상사들은 능력 있는 직원을 좋아하지만, 그것은 어디까지나 상사의 자리를 위협하지 않는 범위 내에서일 뿐이다. 부하직원이 가진 잠재력을 이끌어내고, 역량을 발휘할 수 있도록 방향을 제시해주는 진정한 리더를 만나기란 하늘에서 별을 따는 것만큼 어려운 일이다. 나의 의지로 되는 일이 아니라는 말이다.

안타깝지만, 대부분의 직장에서 겪게 되는 상사들은 나이에 관계없이 미란다 프리슬리 같은 사람일 것이다. 그렇다면 나이 어린 상사를 나이가 어린 상사로 보지 말고, 그가 가진 직급으로만 보는 것은 어떨까? '나이 어린'이라는 형용사를 떼어버리고, '상사'라는 명사로만 보는 것이다. 어차피 회사란 이해관계로 얽힌 조직이니, 직장생활을 하는 사람이 상사에게 지켜야 하는 기본적인 예의를 지켜나가면 된다. 어떤 상사든지 그 자리까지 오른데에는 충분한 이유가 있다. 설사 운이 좋아서 남들보다 빠른 성공가도를 달린다고 생각되어도, 부하직원으로서는 맡은 바 본분에 충실하고 기본을 지켜나가야 한다. 최선을 다했는데도 조직과 상사가 도무지 나에게 맞지 않아 회사를 못 다니겠으면, 그때가서 그만두면 된다. "억울하면 승진하라."는 말도, "절이 싫으면중이 떠나면 된다."는 말도 괜히 나온 말이 아니다.

모든 직장인들은 상처받은 사람들이다. 치열한 경쟁을 뚫고입사한 회사에서 이제는 장밋빛 인생이 펼쳐질 것 같지만 사실은 냉혹한 현실만 기다리고 있다. 특히 어떤 상사를 만나느냐에따라 앞으로 직장생활의 운명이 정해진다. 갓 입사한 신입사원이나 15년 연차의 직원이나 상사는 존재한다. 그렇다면 답은 분명해진다. 상사와 공존해야 하는 것이다. 내일 당장 회사를 그만둘것이 아니라면 말이다.

안드레아 삭스에게는 지키고 싶은 일, 이루고 싶은 꿈이 있었다. 그것을 위해 적어도 1년 동안은 그녀의 꿈을 위해 프라다를입는 악마 아래에서 배우고, 또 부하직원으로서 최선을 다해 상사가 원하는 것을 제공했다. 그 결과 인정이 따라왔고, 그녀 또

한 개인적인 성장과 함께 저널리스트라는 꿈에 한 발짝 다가갈 수 있는 원동력을 얻게 되었다. 그리고 그녀는 미련 없이, 뒤돌아보지 않고 새로운 꿈을 향해 걸어 나갔다. 우리도 그렇게 하면 된다. 현실을 냉정하게 직시하고, 그 안에서 취할 건 취하며 버릴 건 버리는 것이다. 나이 어린 상사와 하드 토킹이 필요할 땐 반드시 기억하라. 상사와 공존하는 가운데 나 또한 성장해야 한다는 사실을 말이다.

이번 주말에 뭐할까?
나만의
워라밸 원칙 세우기

업무가 즐거워지는 직장인만의 행복 찾기 비법

일본의 3040 여성들에게 전폭적인 지지를 받고 있는 만화가 있다. 일본 최고의 공감 만화 작가 마스다 미리의 『주말엔 숲으로』라는 만화이다. 여기에는 일과 인간관계에 지친 세 여성들이 주말마다 숲을 찾아가 자연과 교감하고 치유를 받으며, 다시 일상을 살아갈 수 있는 힘을 얻는 내용이 담겨 있다. 그렇다고 무슨 특별한 스토리 전개가 있는 것도 아니다. 단지 세 여성이 등산을 하거나 카약을 배우며 나누는 단순한 얘기들일 뿐인데, 왜 많은 여성들이 공감을 하고 지친 마음을 위로받는 것일까? 아마도 그 만화가 이 여성들의 마음을 대변하고 있기 때문일 것이다. 하고 있는 일을 당장 그만둘 수는 없고, 그렇다고 산

더미 같은 업무와 사람들과의 관계에서 오는 피곤함을 쌓아놓고 살 수도 없으니, 잠시나마 만화를 통해서라도 방전된 에너지를 충전하고 다시 달릴 수 있는 힘을 얻으려는 것이다.

언젠가 지칠 때로 지친 심신을 이끌고 인도네시아 발리섬을 찾아갔다. 누군가는 발리를 신혼여행지라 말하고, 누군가는 그냥 시골이라 말한다. 발리를 해마다 찾는 사람들은 가격 대비 다양하고 럭셔리한 호텔과 리조트가 있기 때문에, 혹은 서핑과 비치클럽 때문에 발리가 좋다고 말한다. 그런가 하면, 같은 장소를 가도 사람마다 느끼는 것이 다르고 그곳에서 받는 영감 또한 다르다. 그렇기 때문에 "거기가 왜 좋아?" 하는 질문에 어떤 정해진 답을 내놓는 것은 중요하지 않다.

한동안 '발리에서 한 달 살기'가 유행이었다. 퇴직자, 직장인, 대학생, 구직자, 심지어 아기를 키우는 엄마까지도 일상에서 벗어나 발리에서 집을 빌리고, 현지인처럼 살아보는 일이 있었다. 현지에서 한식당을 열고 운영하는 모습을 보여주었던 tvN의 〈윤식당〉은 발리에서 살아보고 싶은 사람들의 호기심을 증폭시키기도 했다.

그런데 왜 하필이면 발리일까? 왜 유럽이나 미국이 아니라 발리에서 살아보고 싶은 것일까? 아마도 늘 무언가에 쫓기는 현대인들에게 모종의 피난처로 보였으리라.

나 역시 항상 시간과 업무에 쫓기며 살고 있다. 시간은 한정되어 있는데, 처리해야 할 일들은 줄어들기는커녕 계속 늘어나기만 한다. 하나를 끝내놓고 잠시 숨을 돌리는가 싶으면, 또 다른 업무가 바로 날아온다. 예기치 못한 일이 생겨, 그 날 해야 할 업무를 다 처리하지 못할 때도 있다. 야근을 해서 끝내면 되지만, 회식이라도 있는 날이면 야근도 마음대로 하지 못한다. 그러면 영락없이 주말까지 가는 것이다. 게다가 다른 직원이 해낸 일을 내가 해내지 못하면, 상대적으로 능력이 부족하다는 평가까지 받게 된다.

이것이 보통 직장인들의 삶이다. 그렇기에 마음에는 늘 여유가 없고, 불안감이 가득하다. 내 감정과 생각에 빠져서 울적해지기도 하고, 현실이 버겁다는 생각이 들기도 한다. 그럴 때는 반드시 지친 몸과 마음을 보듬어줄 시간을 가져야 한다. 이런 감정 상태는 방전이 되었다는 것을 알려주는 내 마음의 신호다. 미리 알고 대비를 할 수 있었다면 좋았겠지만, 그마저도 여유가 안 될 때가 있다.

이럴 때는 새로운 장소를 찾아가서 온전히 나 혼자만 있는 시간을 가져보자. 누구의 방해도 받지 않고, 무엇에도 쫓기지 않으며, 오로지 나 자신하고만 대화하고 나를 정면으로 바라보는 시간을 가져보는 것이다.

초록색 나무들에 둘러싸인 고요하고 평화로운 숙소에 도착하자, 무겁고 답답했던 머릿속이 한결 편해지는 느낌을 받았다. 부드럽고 따듯한 햇살과 시원하고 상쾌한 바람을 맞으니, 마치 소독을 한 것처럼 마음과 정신의 나쁜 생각과 감정들이 소멸되어 버렸다. 저렴한 가격의 마사지로 온몸에 있던 긴장감을 풀어주니 그동안 쌓여있던 스트레스도 완화되었다. 힌두교에 뿌리를 둔 발리 사람들 특유의 밝고 따듯한 미소와, 모르는 사람에게도 미소를 보내고 먼저 인사를 건네는 여행자들의 여유에 나 역시 밝고 환한 미소와 마음의 여유가 생겨났다. 늘 출퇴근 지옥철에서 피곤에 찌들어 삶의 생기를 잃어버린 사람들의 얼굴만 보다가, 낯선 이들에게도 목적 없는 선함을 베풀어주는 그들의 얼굴을 보니 마음속에 작은 감동이 일기도 했다. 모든 것이 느리게 흘러가는 새로운 여행지에서 잠시나마 그들의 속도로 삶을 살면서는, 잃어버렸던 삶의 여유를 찾은 것 같기도 했다. 일상으로 돌아가면 또다시 다람쥐 쳇바퀴 돌아가듯 정신없이 바쁜 삶을 살아내야 하겠지만, 적어도 지금 이 시간만큼은 때 묻지 않은 자연과 하나가 되어 순수해지는 나의 모습이 좋다.

넓고 시원한 바다를 바라보며 책을 읽고 글을 쓰며 나와 대화를 하는 시간을 갖는다. 자연스럽게 내면에서 들려오는 소리에도 귀를 기울이게 된다.

『주말엔 숲으로』에서 카약을 배우러 간 친구 한 명이 노 젓는 일이 생각보다 쉽지 않음을 알고 말한다.

"배가 제대로 나아가지를 않아. 가려고 하는 방향에서 틀어져 버려. 노 젓는 방법이 틀린 건가?"

그러자 다른 친구가 말을 해준다.

"손끝만 보지 말고, 가고 싶은 곳을 보면서 저어봐. 그럼 그곳에 갈 수 있어."

가고 싶은 곳, 바로 그것이다.

나를 빛내주는 회사 이름, 직장인이라는 내 사회적인 타이틀, 그런 것들이 없어져도 내가 진정으로 하고 싶은 일이 무엇이고, 내가 궁극적으로 닿고 싶은 곳이 어디인지 생각해보자. 100세 시대를 살고 있는 현대인들은 앞으로 적어도 두세 개 이상의 직업을 더 갖게 될 거라고 한다. 그만큼 더 험난한 시대가 될 것이라는 말이기도 하다.

언젠가 모 외국계 항공사의 한국지사에서 직원 15명을 명예퇴직 시킬 것이라는 소문이 돌았다. 오랫동안 항공업계에서 넘버원 자리를 고수하던 회사였는데, 오일머니로 급부상하는 중동 항공사들과 많은 저가 항공사들 때문에 어쩔 수 없는 일이 벌어진 것 같았다. 이 소식을 접하자 우리 사무실이 웅성거렸다.

"에휴, 우리는 맨파워가 없어서 고생하는데……."

"적어도 우리는 명퇴 당할 일은 없겠다."

이와 같이 우리는 때때로 누군가에게 닥친 일을 보면서 상대적으로 행복하다는 생각을 한다. 하지만 타인을 통해 상대적으로 느끼는 행복감이 과연 얼마나 오래 유지될까? 직장인이라면 그보다 좀 더 궁극적인 행복을 찾아야 한다.

일레인 포펠트는 『나는 직원 없이도 10억 번다』라는 책에서 다음과 같이 말한다.

"자신이 좋아하는 것이 무엇인지 하루빨리 깨달아 공부를 시작하고, 매일 자신의 열정을 따라 그 분야의 전문가가 되어야 한다."

저자는 말하기를, 미국에 있는 수백만의 사람들은 자신이 진정으로 원하는 일을 가슴속에만 남겨두지 않고, 자신을 위한 직업을 창출하고 또 실현을 하며 살고 있다고 한다. 그들은 자신에게 내재된 목표와 잠재력을 빨리 깨닫고, 용기를 내어 좋아하는 일을 시작했다. 창의적인 방식으로 사업을 하며 또 성공했다. 이 책은 그렇게 성공한 사람들의 이야기를 여러 사례들을 통해 보여준다.

1인 기업가가 되는 방법은 거창한 게 아니다. 기이하거나 특이한 상품이 있어야 하는 것도 아니다. 비즈니스 아이디어는 일상의 모든 곳에서 찾을 수 있다. 하지만 저자가 말하는 건 자기가 정말 좋아하고 잘하는 것을 찾아야 한다는 것이다. 그렇게 하면 어딘가에 소속되지 않고도, 내가 하고 싶은 일로 수익을 창출하며 1인 기업가로 살 수 있다.

아무리 안정된 직장인이라도 언제까지나 회사에 소속되어 있을 수는 없다. 50대, 60대가 되면 회사를 나와야 한다. 피치 못할 사정이 생겨서 더 일찍 나올 수도 있다. 그러므로 궁극적으로 행복할 수 있는 미래를 준비해야 한다. 스펜서 존스는 『선물』이라는 책에서 이렇게 말한다.

"현재를 살면서 불행하다거나 성공적이지 않다고 느낄 때는 언제든 바로 그때 우리는 과거에서 배우거나 미래를 계획해야 한다."

내가 가장 좋아하는 것은 무엇인지, 회사 업무 외에 정말 하고 싶은 일은 무엇인지 생각해 보라. 찾았다면 그 목표를 향해 꾸준히 정진하라. 이것을 시작으로 1인 기업가가 될 준비를 해보라. 그것이 바로 직장인이 행복을 찾는 방법이다.

나의 꿈,
신기루가 아닌
신기록을 만들다

책 쓰기로 인생을 바꾸는 꿈을 발견하고, 실행하는 비법

    프랑스의 후기인상주의 화가 폴 고갱은 서른다섯 살에 전업화가가 되었다. 그전까지는 파리에 있는 한 증권거래소에서 주식 중개인으로 일했다. 고갱은 원래 그림을 수집하는 취미를 갖고 있었는데, 어떻게 하다 주말마다 그림을 그리는 주말화가로 활동하게 되었고, 카미유 피사로를 만나면서 본격적으로 전업화가의 길을 모색하게 되었다. 정규 미술교육을 받지 않았고 화단에 연고도 없어서 초기의 고갱은 우여곡절이 많았다. 화가로서의 제2의 인생을 인정하지 않는 가족들과 헤어졌고, 경제적으로도 궁핍한 생활을 하게 되었다. 하지만 고갱은 그의 꿈을 포기할 수 없어서 이곳저곳을 떠돌아다니며 계속적으로 활동했고,

결국에는 그만의 독자적인 작품 세계를 만들어냈다.

코칭 받기

스물네 살에 항공업계에 발을 내딛던 후, 마흔 살에 책을 쓰면서 작가로 살기 시작하기까지 나도 대한민국의 평범한 직장인이었다. 하지만 부서를 이동한 첫해, 새로운 환경과 사람들에 적응하느라 힘겨운 시간을 보내던 중 '하루 만에 배우는 책 쓰기' 특강을 만나게 되면서 내 인생은 변하기 시작했다. 요즘은 글쓰기 특강을 하는 곳이 많이 있고, 돈만 있으면 책 한 권 내고 자신을 브랜딩하는 일이 어려운 일이 아니라고 한다. 이런 것도 모르고 무작정 마음에 끌려 책 쓰기를 시작했지만, 운이 좋게도 단순히 책 한 권을 출간하는 것이 아닌 '진정한 작가가 되는 법'을 배우게 되었다.

미국의 소설가이자 비평가인 존 가드너도 "유명한 미국 작가 가운데 글쓰기 강좌를 수강하지 않고 등단한 작가는 한 줌도 될까 말까 하다."라고 말했으니, 자신과 가장 잘 맞는 강좌를 선택하여 그 길을 먼저 걸어간 사람에게 코칭을 받는 것은 당연한 일이라 하겠다. 막연하게 작가가 되고 싶지만 무엇을 써야 할지, 또 어떻게 써야 할지 모르는 사람들에게 책 쓰기 코칭은 시간을 절약하게 해주고, 앞으로 나아가야 할 방향까지 알게 해준다.

자신의 경험과 지식을 나누겠다는 마음

보통은 글을 쓰는 재능을 타고나야, 혹은 글을 잘 써야 책을 쓸 수 있다고 생각한다. 그리고 책을 출간해야 작가가 되는 것이라고 생각한다. 하지만 『하루 한 시간, 책 쓰기의 힘』의 저자 이혁백 작가는 그렇게 말하지 않는다.

"작가는 글솜씨가 좋아서 책을 쓰는 것이 아니라 책을 쓰는 과정을 통해 글솜씨를 키우고 필력이 향상되는 것이다. 글쓰기 역량의 문제가 아닌 책을 통해 자신의 경험과 지식을 전달하고, 이로 인해 독자가 받게 될 영향력에 대한 고민이 우선되어야 한다."

그러니까, 책을 쓰는 순간부터 작가가 되는 것이다. 그리고 책을 쓰는 과정을 통해 작가가 가져야 할 인성과 인품이 길러진다. 글쓰기를 업으로 삼고 글 쓰는 일을 평생 하고 싶다면, 작가로서 우선적으로 가져야 할 마음가짐이 있다. 그것은 '나의 경험과 지식을 다른 사람과 나누겠다'는 마음이다. 작가에게 시련은 반드시 거쳐야 할 삶의 한 과정이라고 한다. 헤르만 헤세가 "모든 예술의 궁극적인 목적은 인생이 살만한 가치가 있다는 것을 일깨워 주는 것이다."라고 말한 것처럼, 힘든 시간들을 통해 얻은 삶의 깨달음을 누군가는 겪지 않도록 도와주는 것, 이것이 작가가 가져야 할 사명인 것이다.

꾸준함

작가는 멈추지 않고 꾸준히 책을 읽고 글을 써야 한다. 이 일은 습관처럼 매일 행해야 한다. 하루도 빠지지 않고 일정 시간에 글을 쓰는 것은 작가에게 가장 중요한 일이지만, 회식과 야근이 잦은 직장인에게는 사실 쉬운 일이 아니다. 아침 시간을 활용할 수 있다면 더할 나위 없겠지만, 아침잠이 많은 나에게는 결코 쉬운 일이 아니었다. 자다가 깨서 글을 써야 한다는 것은 어쩌면 또 다른 '일'이 되는 것이었다. 그럼에도 불구하고, 작가는 시간을 만들어서 책을 읽고 글을 써야 한다.

나 같은 경우에는 회식과 야근이 없는 날, 퇴근 후 밤 9시부터 잠들기 전까지 글을 쓰거나 책을 읽는다. 회식과 야근이 있는 날은 점심시간을 활용해서 책을 읽는다. 그리고 주말에는 네다섯 시간 이상, 어떤 날은 하루 온종일 앉아서 책을 읽고 글을 쓴다.

몇 시간을 할애할지는 개인에 따라 다르겠지만, 중요한 것은 단 삼십분이라도 매일 꾸준히 뭔가를 읽고 뭔가를 써야 한다는 것이다. 이렇게 작은 시간들이 모이고 쌓이면 나중에는 어마어마한 시간이 되어있을 것이다. 한두 권의 책을 출간하고 더 이상 집필하지 못하는 작가도 있고, 오랫동안 글을 써왔지만 책 한 권을 출간하지 못하는 작가도 있다. 『알제리의 유령들』의 작가 황여정 씨는 스무 살 무렵 소설가가 되겠다고 결심하고 수많은 공모전에 응모했지만, 계속 낙방만 했다고 한다. 그래서 작가의 꿈을 접고 편집자로 일했지만, 그 와중에도 조금씩 글을 써서 마침내 마흔세 살의 나이에 등단하게 되었다. 이와 같이, 매일 책을 읽고 글을 써 온 그 시간들이 쌓이면 언젠가 작품으로 결실을 맺게 된다.

자신을 표현하는 자유로움

직장생활을 하면서 나는 늘 남보다 튀지 않으려고 노력을 했다. 이십대 때는 차라리 아무 색이 없거나 회색이었으면 좋겠다는 생각도 했다. 직장이라는 곳은 조직과 인간관계에서 모나지 않게 어울리며 잘 지내는 것이 어쩌면 업무보다 더 중요하게 여겨지는 곳이다. 그러다 보니 사람들의 입방아에 오르내리지 않기 위해 나의 독특한 개성을 늘 억누르며 살았던 것 같다.

하지만 사람들이 가진 독특함은 언제 어떤 식으로든 발현될 날이 오기 마련이다. 나는 그 발현을 책 쓰기에서 실현했다. 책을 쓰기 시작하면서 나의 생각과 경험을 마음껏 글로 표현했다. 그러자 그동안 나를 구속해오던 것들로부터 해방되는 자유로움을 느꼈다. 이제 나는 당장 책 한 권을 출간하는 것으로 만족하지 않는다. 나는 소설가라는 새로운 꿈을 꾸게 되었다. 평생 글을 쓰며 살아가는 진정한 작가가 될 것이다. 이것들이 바로 책을 쓰기 시작하면서 변화된 나의 모습이다.

러시아의 인상주의 화가 마르크 샤갈은 이렇게 말했다.

"삶이 언젠가 끝나는 것이라면 사랑과 희망의 색으로 칠해야 한다."

나는 희망과 사랑으로 삶을 그리는 작가가 되고 싶다. 늘 꿈을 잃지 않고 살았던 지난날의 나처럼, 누군가의 삶을 희망과 사랑의 색으로 채워주고 싶다. 삭막하기만 한 지금의 세상도 살 만한 가치가 있다는 메시지를 전해주고 싶다.

이제 어떤 사명감으로 글을 써야 할지, 어떤 영향을 주는 글을 써야 할지를 확실히 알게 되었으니 진정한 작가가 된 것이다. 하얀 종이 위에 마음껏 나의 독특함을 활자로 펼칠 일만 남았다.

Part 4

❧

THE GREATEST MESSENGER

1만 명의 마음을 움직이는
1만 명 리더십 메신저
_김대식

김대식

1급 전문 상담사 및 프리랜서 강사로 왕성히 활동 중인 저자는, 19년 동안 1만 명 이상의 리더들을 만나서 상담과 교육을 진행해 왔다. 1만 명이 넘는 리더들과의 만남을 통해 두 가지의 공통점을 발견하게 된다. 첫째, 그들은 모두 좋은 리더가 되고자 한다. 둘째, 그러나 대부분의 리더는 일과 사람에 치여 '나다움'을 내주고 남이 만든 리더다움으로 무장한다.

저자가 처음부터 '리더십 전문 강사'였던 것은 아니다. 저자 또한 이직한 직장에서 중간관리자로 일하며 열등감과 무능함을 경험했다. 자존감이 바닥까지 낮아져 도망치듯 사직서를 쓰고 실업자 생활을 하기도 했다. 때문에 리더가 겪는 애환을 뼛속 깊이 공감하고 이해했다. 대기업 재직 시절, 이로 인해 리더십과 심리학 공부를 위해 대학원에서 공부에 매진했으며, 그 결과 당시 직원이 2명이던 부서를 13명의 탄탄한 부서로 만들었다.

MBTI 성격유형에 대한 연구를 시작으로, 인간의 탁월성에 대한 학문인 NLP를 공부하며 리더십과 자존감 증진에 대한 연구를 하였다. 그 결과 국내 최초로 NLP와 자존감에 대한 프로그램을 개발하고 적용한 실험 연구로 박사 학위를 받았다. 이후 대학교, 공기업, 대기업 및 부부학교에서 꾸준히 강의를 하면서, 사람들이 삶과 일에서 자존감을 증진하고 관계를 회복하도록 돕고 있다. 특히 이혼의 위기를 경험한 뒤에는 부부 문제와 소통에 대해 공부하며, 지금은 갈등하는 부부를 대상으로 부부학교에서 강의와 코칭을 하고 있을 정도로 '잘 싸우는 부부 싸움'의 고수가 되었다. 그만의 산 경험을 모두 담은 책,『1만 명 리더십』(가제) 출간을 앞두고 있으며, 더 많은 사람들의 삶이 행복해지도록 돕는 1인 기업가의 인생을 펼치고 있다.

---

* E-MAIL : dskim5994@gmail.com
* BLOG : https://blog.naver.com/nlpdoumi

진정한 자유인,
강사를 꿈꾸는
당신에게
알아서 섭외 받는 강사가 되는 법

"강사가 되고 싶은데 어떻게 하면 되나요?"

기업이나 단체에서 강의를 하다 보면 이런 질문을 종종 받는다. 그러면 10분간의 짧은 휴식시간에 어떤 얘기부터 해야 할까 고민이 된다. 대답 대신 강사가 되고 싶다는 사람에게 되물어본다.

"강사가 되고 싶은 특별한 이유라도 있나요?"

직장인이라면 한 번쯤 사직서를 쓰고 싶을 때가 있었을 것이다. 예를 들면, 더 이상 사람과 일에 치이고 싶지 않거나, 재미나 의미 없이 반복되는 일상에서 벗어나고 싶을 때 말이다. 하지만 그런 이유 때문이라면 이직을 하지 않는 게 좋다. 당신은 이직을 하더라도 똑같은 고민을 반복하면서 시간과 에너지를 낭비하게 될 것이 뻔하다. 이직의 동기가 '회피 동기'이기 때문이다. 회피 동기란 불만족한 현재의 환경이나 미래의 두려움에서 벗어나거나 도망가려는 동기이다. 그것은 불만과 두려움에서 잠깐 동안은 벗어나게 해 줄 수 있지만, 근본적인 변화는 아무것도 이루어주지 못한다.

로버츠 딜츠(Robert Dilts)는 우리의 사고체계가 갖는 위계질서를 '신경논리적 수준(neuro logical level)'이라는 말로 설명하면서, 가장 낮은 단계부터 가장 높은 단계까지 다섯 단계를 제시한다.

정체성 수준 (가장 높은 단계)
신념/가치관 수준
능력 수준
행동 수준
환경 수준 (가장 낮은 단계)

어떤 수준에서 문제가 발생했을 때, 그 문제를 해결하려면 상위 수준으로 올라가야 한다. 같은 수준 내에서는 어떠한 문제도 해결할 수 없다. 그러니까 단순히 직장을 바꾼다는 것은 환경 수준에서 같은 환경 수준으로 옮기는 것이기 때문에 아무것도 해결해주지 못하는 것이다.

정말로 이직이나 삶의 변화를 꿈꾼다면, 적어도 환경 수준보다는 높은 수준에서 살펴봐야 한다. 말하자면 가치관 수준에서 진정 원하는 가치가 무엇인지를 찾은 뒤, 능력 수준과 행동 수준에서 구체적 변화 방법을 찾는 것이다. 단순한 회피동기가 아니라, 마음 깊은 곳에서 원하는 목소리를 듣고 움직여야 한다. 그래야 실행 과정에서 되돌아가고 싶은 유혹이나 자신에 대한 의심을 이겨낼 수 있다.

직업적인 강사가 될 것인가, 자신이 하는 일로 강연할 것인가?

나는 20년째 강의를 하고 있지만, 이 일은 여전히 재밌고 만족스럽다. 그 이유는 이 일이 나의 가치와 욕구에 적합하고 내가 가장 잘할 수 있는 일이기 때문이지, 단순히 직업이어서가 아니다. 마찬가지로 강사를 꿈꾼다면 강의나 강연을 하고 싶은 것인지, 직업으로서의 강사가 되고 싶은 것인지부터 생각해봐야 한다. 나는 지금 '강의'를 주업으로 하고 있지만, 앞으로는 더 다양한 명칭을 가진 '강연가' 혹은 '메신저'가 되고자 한다. 눈치 빠른 독자들은 나의 이 말을 통해 강의와 강연이 차이가 있음을 알아챘을 것이다.

먼저, 그동안 내가 가장 자주 해온 '강의'의 성격에 대해 알아보자. 강의는 조직의 명령으로 참석한 사람들을 대상으로 비교적 장시간(4~20시간) 진행되는 경우가 많다. 이때 강사는 기업의 다양한 요구에 맞춰 프로그램을 설계(목표, 주제, 방법, 시간)하고, 적합한 콘텐츠와 강의 기법을 개발하며, 어떻게 학습에 몰입하고 만족도를 높일 것인지를 연구한 뒤 마지막으로 강의를 하게 된다.

강연은 강사 자신 혹은 그가 일하는 분야의 콘텐츠에 관심 있는 사람들이 자발적으로 참석하며, 비교적 짧은 시간(30분~2시간) 동안 진행된다. 내용에 대해서도, 학습자의 요구에 맞추어 콘텐츠를 만드는 게 아니라, 이미 자신이 갖고 있는 콘텐츠를 자신만의 방법으로 전달한다. 즉, 직업적으로 강의를 하는 강사가 아니어도 강연은 할 수 있다는 말이다.

그러므로 직업적으로 강의를 하는 전문 강사가 되고자 하는지, 자기만의 직업이나 일을 가지고 있으면서 그 분야의 특별한 콘텐츠나 경험을 여러 사람 앞에 전달하는 강연가가 되고자 하는지를 먼저 구분해야 한다. 강연을 하고 싶다면 지금 일하는 직장을 뛰쳐나오지 않아도 된다. 오히려 그 일에 대해 더 공부하여 전문가가 되어야 한다. 가령 "세바시"(세상을 바꾸는 시간 15

분)라는 프로그램을 보면, 거기에서 강연하는 사람들 중엔 직업적인 강사도 있지만 대부분은 각자의 분야에서 자기만의 독특한 콘텐츠를 보유한 사람들이다. 네일아트 전문가, 주방장, 운전기사, 유기농을 재배하는 농부도 자기의 일과 스토리가 있으면 강연을 할 수 있다.

능력 수준 점검

가치관 수준에서 점검을 해보니 내가 진짜 원하는 삶이 강의나 강연을 하는 것이라면, 그다음에는 능력 수준을 점검해 봐야 한다. 즉, 강의와 강연을 성공적으로 하기 위하여 갖추어야 할 능력이 무엇인지를 검토해야 하는 것이다.

일반적인 수준에서, 직업적인 강사가 갖춰야 할 능력은 다음 네 가지 분야로 점검할 수 있다. 1) 누구에게, 2) 어떤 내용을, 3) 몇 시간에 걸쳐, 4) 어떻게 전달할 것인가?

질문 1) 강의할 대상은 누구이고, 그들은 어떤 특성을 갖고 있는가?

기업의 경우라면, 임원, 팀장, 중간관리자, 대리, 신입사원이 강의 대상이다. 학생, 취업준비생, 워킹맘, 퇴직 예정자 같은 대상도 있다. 이와 같이 누구를 대상으로 하는 강의인지가 명확해야 한다. 그래야 그들의 관심사나 과거의 학습 경험, 또한 수동적인지 적극적인지 그들의 특성을 파악할 수 있다. 강사는 그 특성에 맞춰 강의 내용과 방법에 변화를 줘야 한다. 아무리 강의 내용이 좋아도 대상자의 니즈(needs)에 부합한 내용과 방법이 아니라면 다시는 강의 의뢰가 들어오지 않을 것이다.

질문 2) 이들에게 강의할 강의 주제와 콘텐츠는 무엇인가?

대상이 기업이라면, 주제는 기업에서 필요로 하는 '역량' 혹은 기업이 추구하는 '가치'와 연관된 것이다. 가령 팀장을 대상으로 한다면, 일 관리, 사람 관리, 조직 관리, 성과 관리, 변화 관리 같은 '역할'을 주제로 삼을 수도 있고, 그 역할을 수행하기 위해 필요한 하위 역량, 즉 갈등 관리, 문제 해결, 의사 결정, 문서 작성, 후배 육성, 위임, 팀워크, 협업, 시간 관리 등 다양한 것들을 주제로 삼을 수도 있다.

주의할 점은, 이 모든 과목을 강의하겠다는 욕심부터 버려야 한다는 것이다. 모든 것을 다 할 수 있다면 그 어떤 것도 나만의 특별함이 되지 못한다. 다른 강사들도 할 수 있는 주제라면 굳이 나한테 요청하지 않을 것이다. 나 역시 그런 경험이 있었다. 몸에 맞지 않는 주제에 욕심을 냈더니, 나 자신도 재미없고 강의 만족도도 낮아져 결국 고객사를 잃게 되었다. 그러므로 내 성격과 경험 등 강점에 맞는 몇 가지 주제에 집중하는 게 중요하다.

질문 3) 준비해야 할 강의 시간은?

20시간짜리 강의를 준비할 수도 있고, 8시간이나 아니면 2시간짜리를 준비할 수도 있다. 중요한 것은 시간이 초과되거나 부족함이 없도록 필요한 내용만 잘 뽑아서 강의안을 만들어야 한다는 것이다. 장시간의 강의일수록 시간대별 내용과 방법을 세부적으로 설계하는 능력이 중요하다. 그리고 자신이 설계한 20시간~8시간의 내용은 눈감고도 훤히 보일 정도가 되어야 한다. 시간의 흐름에 따른 내용과 방법 그리고 학습자의 반응까지 머릿속으로 그릴 수 있어야 한다. 이 영상이 선명하게 그려져야 강의에 자신감이 생긴다. 이 그림이 그려지지 않으면 강의 내내 슬라이드 화면에 의존하느라 학습자와 교감할 수 없고, 시간 관리에도 실패하게 된다. 개인적으로는 단시간의 강의가 더 어렵다. 과감히 버릴 내용을 버리면서도 서론, 본론, 결론이 모두 분명하고 임팩트 있게 전달되어야 하기 때문이다.

질문 4) 대상자들의 특성, 학습목표와 내용에 따라 강의 방법을 달리할 수 있는가?

내용만 전달하는 강의는 사람들의 집중력이 15분을 넘기지 못한다. 그러므로 질문, 토의, 사례발표, 실습, 롤플레잉, 시뮬레이션 등 다양한 강의 방법을 연습해 놓아야 한다. 최근에는 콘텐츠에 의한 차별화가 어려워지면서, 독특하고 효과적인 강의 방법이 중요해지기 시작했다.

이상 네 가지 질문을 검토하여 자신이 갖춰야 할 능력이 무엇인지를 파악하고 또 길러나가라. 그 외 효과적 경청 기술, 질문 기술, 피드백 기술, 동기유발, 효과적인 매체 이용 등의 능력도 중요하다. 따로 언급하진 않았으나, 강의자에겐 필수적인 능력이다.

지금부터 바로 해야 할 것

요즘엔 콘텐츠 찾기도 쉽지 않다. 모든 정보는 인터넷에 있고, 더 이상 새롭고 신선한 이슈가 없는 것이 현실이다. 그러므로 강사가 되려는 사람들은 다음 두 가지를 반드시 검토해야 한다.

첫째, 현재 하고 있는 일이나 분야에서 강의할 콘텐츠를 찾고 만들어라.

내가 하고 있는 일을 알아가는 경험, 실패와 성공 스토리, 나만의 요령 등 현장의 경험을 그때그때 글로 남겨놓는 게 좋다. 파워포인트 슬라이드로 제작해 놓으면 더 좋다. 가능한 블로그 같은 곳에 콘텐츠를 노출시키고 나만의 스토리를 입혀라. 그렇게 해서 전문가 이미지를 구축해 나가라. 스토리는 어느 날 갑자기 만들어지는 게 아니다.

둘째, 자기만의 실천 경험, 성공 경험이 있어야 한다.

인터넷과 책에서 본 감동적인 글을 발췌하여 전달하는 것으로는 부족하다. 사람들의 고개를 끄덕이게 할지는 모르겠지만, 내 것이 아니므로 강의에 힘이 없다. 나만의 사례, 나만의 적용 경험, 특히 실패와 성공 경험이 있어야 한다. 책의 내용을 전달하는 것이 아니라, 책을 읽고 실천하여 내 삶이 바뀐 경험이 있어야 한다. 시간 관리에 대한 강의라면 10년간 자신이 사용한 수첩을 보여줄 수 있어야 하고, 독서의 중요성에 대한 강의라면 독서를 통해 달라진 삶, 수년간 블로그에 올린 서평, 하다못해 구입한 책의 종류나 책 구입에 사용한 비용이라도 말할 수 있어야 한다.

한번은 왕성하게 강의를 하던 선배를 만났는데, 안타깝게도 몇 년 전부터 기업체 강의 활동을 접었다는 말을 들었다. 프로필을 보내면 그 뒤로는 연락이 오지 않는다고 한다. 프로필에 적힌 생년월일 때문이란다. 젊고 능력 있는 강사들에게 밀린다는 것이다. 참 안타까운 마음이다. 하지만 진짜 이유는 따로 있었다. '나만의 것'이 없었기 때문이다.

최근에는 교육업체를 운영하는 후배 강사의 전화를 받았다. 주 52시간 근무제가 시작되어, 기업들의 집합교육 시간이 축소되고 있다는 것이다. 강사 혼자 3일간 진행하던 교육이 8시간 혹은 4시간으로 축소되었다고 한다. 게다가 긴 시간의 강의를 한 사람에게 맡기는 추세도 사라져 간단다. 기업교육 강사에겐 그야말로 사형선고였다. 어쩔 수 없다. 단시간 강의할 수 있는 나만의 특화된 콘셉트와 콘텐츠를 확보해야 한다. 뿐만 아니다. 집합교육에서 강의 형태로만 전달하던 것을 이제는 다양한 매체에 다양한 형태로 노출시켜야 한다. 그렇게 해서 더 많은 사람들이 나의 가치를 알게 해야 한다.

이제는 강사가 아니라 강연자가 되는 길을 준비하고 싶다. 그렇게 하는 것이 더 높은 수준의 가치를 만들어 내는 길이고, 시간과 경제적으로도 진정한 자유를 얻는 길이기 때문이다.

당신보다
나를 더
사랑하기로 했습니다
교류분석의 5가지 에고그램을 통해 내가 누군지 알아내는 법

어릴 때 '내 마음 나도 모르게'라는 노래를 들은 적이 있다. 당시엔 왜 노랫말이 그런지 이해할 수 없었다. 어떻게 자기가 자기의 마음을 모를 수 있단 말인가? 누군가가 싫거나 좋거나 또는 신나거나 슬프거나 하는 마음을 자기가 모를 수 있을까? 자기가 그런 자기의 마음을 모르면 어쩌란 말인가? 아마도 책임지기 싫은 일이 있어서 발뺌하는 말일 거라고 생각했다.

하지만 어른이 되면서 그 말을 이해하게 되었다. 나 역시 이랬다저랬다 하는 마음을 경험하였고, 어떤 상황에 대처하는 행동도 일관성 없던 적이 많았다. 도대체 종잡을 수 없는 내 모습

을 보이고 있는 것이다. 이쯤 되니 "내 마음 나도 모르겠다."라는 말은 단지 책임을 회피하는 말이 아님을 알게 되었다.

이런 일이 있었다.

어느 날, 나는 소리를 버럭 지르면서 딸에게 화를 내 놓고(약지), 딸이 훌쩍 거리기 시작하자 미안한 마음으로 아이 방으로 향한다(검지). 방문은 잠겨 있다. 잠시 후 이치를 따져 보았다. 사전에 아무 말도 안 한 것은 사실이지만, 냉정히 따져보면 내 카드로 아이의 물건을 구입한 것이니 내가 그렇게 미안할 일은 아니었다(중지). 대신 딸이 무엇을 잘못했는지 이참에 알려줘야 한다는 생각이 들어, 다시 아이 방으로 향한다(엄지). 여전히 문이 잠겨 있다. 잠시 후 그래봐야 나와 딸의 사이만 나빠질까 염려되어, 속으로 삭히며 한숨만 푸욱 쉬고 말아버린다(소지).

이처럼 불과 몇 분 사이에 내 마음은 이랬다저랬다 하는 모습을 보였다. 보통 나는 아주 냉정하고 이성적인 모습을 보이지만, 때로는 나도 모르게 감정적인 상태가 되기도 한다. 그런 내가 싫어서 후회도 하고 다짐도 해 보지만, 다시 또다시 감정적인 스스로를 마주하곤 한다. 정말로 내 마음은 나도 모르겠다. 도대체 내 마음은 어떤 메카니즘(machanism)으로 되어 있는 것일까?

그러던 나의 궁금증은 미국의 정신의학자 에릭 번(Eric Berne)의 연구 '마음의 구조'를 통해 조금씩 풀어지기 시작했다. 에릭 번은 인간의 마음속 메커니즘이 세 개의 나, 즉 세 가지 자아상태로 구성되어 있다는 사실을 발견했다. 그 세 가지 자아상태는 부모(Parent), 성인(Adult), 아이(Child)이며, 이것이 바로 인간의 사고와 감정과 행동을 설명하는 단서가 된다. 모든 사람의 마음엔 '세 가지 나'라는 것이 있는데, 특정 상황이나 때에 따라 셋 중 하나가 강하게 반응을 하는 것이다. 이러한 자아상태를 그림이나 그래프로 나타내어 자기마음을 이해하게 해주는 것이 있으니, 바로 '에고그램(egogram)'이다.

에고그램은 성격 이론이자 의사소통이론인 '교류분석(TA, Transactional Analysis)'의 핵심개념으로, 내가 어떤 사람인지를 쉽게 이해하게 해준다. 사람이 행하는 구체적 말과 행동은 세 가지 마음(자아상태)이 밖으로 표출되는 것이므로, 그때그때의 마음 상태를 알면 밖으로 표현되는 말과 행동을 통제하거나 조절할 수 있을 것이다. 그런 점에서 에고그램은 자신을 사랑하는 프로그램임과 동시에 자신을 교정하는 프로그램이다. 그러므로 자신의 자아상태가 어떤지 아는 것은 매우 중요하다.

자기의 세 가지 자아상태를 객관적으로 알기 위해서는 전문적인 체크리스트를 사용하는 것이 일반적이지만, 에고그램을 개발한 두제이(J. Dusay)는 오히려 직관적으로 판단하는 방식을 권하고 있다. 나는 여기에 '다섯 손가락' 이미지를 결합시켜 사용한다. 손은 우리가 늘 지니고 다니므로, 언제 어디서든 자신의 마음 상태를 이해하는 데 도움을 준다.

먼저, 아래와 같이 다섯 손가락이 펴진 이미지와 우리의 자아상태를 연결 지어보자.

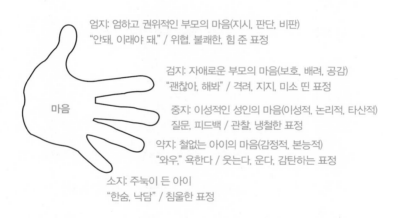

엄지: 엄하고 권위적인 부모의 마음(지시, 판단, 비판)
"안돼, 이래야 돼." / 위협, 불쾌한, 힘 준 표정

검지: 자애로운 부모의 마음(보호, 배려, 공감)
"괜찮아, 해봐" / 격려, 지지, 미소 띤 표정

중지: 이성적인 성인의 마음(이성적, 논리적, 타산적)
질문, 피드백 / 관찰, 냉철한 표정

약지: 철없는 아이의 마음(감정적, 본능적)
"와우" 욕한다 / 웃는다, 운다, 감탄하는 표정

소지: 주눅이 든 아이
"한숨, 낙담" / 침울한 표정

마음

손바닥은 마음이며, 이 마음이 다섯 가지의 마음 상태로 나누어진다.

다섯 손가락은 세 가지 자아상태가 다섯 가지로 분화된 모습이다. (부모, 성인, 아이 → 엄한 부모, 자애로운 부모, 이성적인 성인, 철없고 자유로운 아이, 기죽고 눈치 보는 아이) 그리고 각

자아상태마다 고유의 기능이 있다.

1) 엄지: 엄한 부모 마음 상태

통제를 가하거나 옳고 그름의 가치 판단을 내린다. 주로 지배적인 태도와 명령적인 말투로 훈계나 질책을 한다. 관찰할 수 있는 언어적 표현으로는 "해라, 하지 마라" 등의 명령이나 "항상, 결코" 등 단언하는 말을 사용하며, 비언어적으로는 눈살을 찌푸리거나 손가락을 까닥거리는 등의 행동을 보인다. 도덕적, 윤리적으로 규범을 지키게 하려는 긍정적인 의도가 있다.

2) 검지: 자애로운 부모 마음 상태

친절, 동정, 관용적 태도를 보인다. 직원을 용서하고 위로, 격려, 칭찬 등의 행동을 보인다. 언어적 표현으로는 "잘 될 거야, 걱정할 필요 없어." 등의 격려하는 말을 사용하며, 비언어적으로는 사랑스러워하는 표정, 미소 짓는 표정, 잡아주거나 껴안는 행동 등을 보인다. 사랑하고 배려하는 의도가 있지만, 지나치면 과보호나 간섭이 될 수 있다.

3) 중지: 성인 마음 상태

냉정하고 합리적으로 판단하는 태도를 보인다. 사실에 입각하여 판단하고, 논리적이고 이성적으로 행동한다. 언어적 표현으로는 "언제, 어디서, 무엇을, 어떻게, 왜" 같은 질문이나 말을 사용한다. 감정을 배제하고 있으므로 비언어적으로 울거나 웃거나 비꼬거나 걱정하는 행동을 보이지 않는다. 이 마음이 지나치면 인간미가 없는 사람이 되기 쉽다.

4) 약지: 자유로운 아이 마음 상태

제멋대로이고 감정적이다. 충동적이거나 호기심이 많고, 하고 싶은 대로 행동한다. 훈련받지 않은, 있는 그대로의 어린아이 태도를 보인다. 울고 싶을 때 울고, 웃고 싶을 때 웃으며, 충동적으로 욕한다. 관찰할 수 있는 언어적 표현으로는 "원한다, 싫다, 할 수 있다." 등의 말을 사용하며, 비언어적으로는 감탄, 환호성, 웃음, 눈물, 화내기 등의 행동을 보인다. 창의적이고 직관적이며, 이 마음이 지나치면 타인을 배려하지 않는 천방지축이 되기 쉽다.

5) 소지: 순응하는 아이 마음 상태

권위적인 인물에 맞춰주려는 반응을 보인다. 사람들의 시각에 지나치게 민감하며, 죄의식이나 부끄러움, 두려움의 태도를 보인다. 제멋대로이고 감정적이다. 충동적이거나 호기심이 많고, 하고 싶은 대로 행동한다. 부모가 바라는 바에 따라 행동하는 아이의 모습과 자기부정의 모습이 있다. 싫다고 말할 수 없어서 타협하거나, 좋은 아이, 착한 아이로 행동한다. 감정을 숨기거나 나타내지 못하지만, 평상시 얌전하다가 어떤 상황에서는 반항하고 격노한다. 언어적으로는 "죄송합니다, 도와주세요" 등 불안정한 언어를 사용하며, 비언어적으로는 움츠리고, 눈을 아래로 깔고, 입술이나 손톱을 물어뜯는 행동을 보인다. 이 마음이 지나치면 자신의 삶을 제한하게 된다.

전문적인 체크리스트로 진단을 받아도 좋지만, '다섯 손가락' 이미지를 가지고도 자신의 마음 상태를 진단할 수 있을 것이다. 일상에서 행하는 자신의 행동과 말투를 보면서 현재의 마음 상태를 직관적으로 판단해 보라. 의식적으로 연습하기 위해서 다섯 손가락에 키워드를 적어놓아도 좋겠다. 그러면 현재의 내가 어떤 마음 상태인지 보일 것이다.

자신의 마음 상태를 확인했다면, 대안을 찾아보는 연습도 해보자. 가령 화나는 상태라면 약지를 꼼지락거려 현재의 상태를 인정하고, 중지나 검지를 꼼지락거려 어떤 표정이나 행동을 보여야 할지 그 대안을 찾아보는 것이다. 대안은 의식적으로 선택할 수 있다.

나를 사랑한다는 것은 내가 가지고 있는 기질을 있는 그대로 인정하고 수용하는 것이다. 하지만 선택이 있는 것은 선택이 없는 것보다 낫다. 자아상태는 상황에 따라 선택하고 통제할 수 있으므로, 자신이 통제할 수 있는 범위 내에서 효과적인 행동과 언어를 선택하는 것이 좋겠다.

여유가 있다면 TV 드라마를 시청하면서, 각 인물이 어떤 마음 상태에서 말하고 행동하는지를 손가락을 꼼지락거리며 찾아보자. 그렇게 연습해 보자. 나와 상대방의 마음이 보이면, 나와 상대를 이해하고 사랑하는 마음도 넓어질 것이다.

올여름은 유달리 푹푹 찌는 더위의 연속이었다. 그럼에도 뙤약볕에서 일해야 하는 사람들이 있다. 환경미화원, 교통경찰, 공사장 근로자 그리고 택배기사도 있다. 하루에 약 200개, 시간당 최소 30~40개씩 날라야 하는 택배기사에겐 1분 1초가 아깝고, 옷은 땀으로 흥건하다.

어느 아파트 단지가 '아파트의 품격과 가치'를 위해 택배 차량을 통제했다. 차량이 출입할 수 없게 되자 택배사 측은 정문에 놓고 간다고 했고, 아파트 단지 측은 주차 후 카트로 배달해야지 왜 주민들이 찾으러 가야 하느냐며 반박했다. 택배사 측은 출입을 못하게 하니 반송하겠다고 했고, 아파트 단지 측은 걸어서 배송하기 싫다고 반송한다는 게 반송 사유가 되느냐며 반박했다.

주변에 보면, 말이 통하지 않아 답답한 사람이 있을 것이다. 말이 통하지 않는 사람에게는 한 가지 특징을 발견할 수 있는데, 바로 소통에서의 자기인식능력이 낮다는 점이다. 자기인식능력이란 자기의 감정, 생각, 욕구, 가치가 어떤 것인지를 제대로 인식하는 능력이다. 자기의 감정, 생각, 욕구, 가치가 어떤지를 아는 사람은 자신을 있는 그대로 개방할 줄 알며, 상대방의 그것에 대해서도 있는 그대로 수용할 줄 안다.

하지만 자기인식이 부족하면 자신은 절대 경우에 어긋나지 않아 잘못을 저지를 사람이 아니라고 생각하므로, 아무리 주변에서 옳다 그르다 말해도 자신의 잘못을 인정하지 않는다. 아무리 논리적으로 말해줘도 소용없다. 항상 "I'm OK"이고, "You are not OK"라서 다른 사람의 의견을 수용하지 않는다. 주변 사람들은, 어차피 받아들이지 않는다는 것을 알기에 더 이상 그에게 말하지 않는다.

이런 사람들에게 '소통의 고수'가 하는 방법이 있다. 바로 그들이 하는 말을 똑같이 따라하는 것이다. 그러면 자기가 그렇게 이상한 말이나 못된 말을 하고 있다는 사실을 알아차리게 된다.

1) 보여주거나 들려주기

어느 대기업의 팀장 대상 교육 중, 사전에 부하직원으로부터 받은 다면평가 결과를 받아들이지 못하여 씩씩거리던 한 사람이 있었다. 직원 중 어느 놈이 자신을 그렇게 평가했을까 분석하기만 할 뿐, 자신에 대한 부정적 피드백은 결코 받아들이지 않았다.

교육 중에는 면담을 실전과 같이 실습하는 시간이 있었다. 순서에 따라 그 팀장도 면담 실습을 했고, 그 장면은 영상으로 촬영됐다. 평가 결과에 대해 납득이 안 된다며 설명을 요청하는 직원을 상대로 면담하는 실습인데, 팀장은 면담 내내 공감하기는커녕 직원이 잘못한 것을 요목조목 지적하기만 했다. 심지어 면박을 주며 구석으로 몰아가기까지 했으며, 시종일관 자기가 옳다고 방어하는 모습만 보였다. 실습한 후에는 영상을 재생하여 자신의 모습을 있는 그대로 보는 시간을 갖는다. 그 순간 팀장은 얼굴이 벌겋게 변하기 시작했다. 자기의 모습이 어떤지 처음으로 보게 된 것이다.

이것은 매우 효과적인 방법이다. 하지만 일상의 대화에선 이 방법으로 자기를 보여주기 힘들다. 그럴 땐 다음과 같이, 상대방의 무례에 '들려주기'로 대응해 보자.

2017년부터 세르비아 대통령으로 재직 중인 알렉산다르 부치치(Aleksandar Vucic)는 한 웹사이트에서 자신을 공격하며 모욕한 저널리스트와 인터뷰를 하던 중, 그에게 모욕적으로 말했던 발언들을 한 마디 한 마디 읽어달라고 요청했다. 그러자 그 저널리스트는 창피한 나머지 인터뷰를 중단하고 말았다. 본인이 한 말을 그대로 읽어보며 자기인식을 하게 된 것이다.

자존감을 지키는 방어전략 중 하나는 자신에게 상습적인 언어폭력으로 자존감을 낮추는 사람에게 다시 한번 그의 말을 한 마디 한 마디 반복해서, 녹음기를 틀어 주듯이 들려주는 것이다. 이 방법은 자기 얼굴 어디에 티끌이 묻었는지를 볼 수 있게 거울을 쥐여주는 효과가 있다.

아파트 단지와 택배업체의 경우 다음과 같은 대화가 이루어진다.

아파트 단지: 이런저런 이유로 택배 차량은 들어올 수 없으니 걸어서 배송하세요.
택배업체: 이런 저런 이유로 정문까지 걸어와서 찾아가 주세요.

아파트 단지: 뭐 이런 사람이 있어?

　　　　자기들 말만 하니 기막혀서 말이 통하질 않네.

택배업체: 뭐 이렇게 자기 말만 하는 사람이 있죠?

　　　우리도 기막혀서 말이 통하지 않네요.

아파트 단지: 아! 몰라, 몰라. 됐고, 어서 배송이나 해요.

택배업체: 아! 몰라, 몰라. 배송 대신 반송할래요.

이렇게 너덧 번 반복하면 둘 다 지치고, 다시는 대화하고 싶지 않게 된다. 정말 말이 통하지 않는 상대를 제대로 만난 것이다. 상대방이 나와 닮았기에 더 싫고 지독하다. 하지만 이쯤 되면 서로 간에 주장과 비난만 하게 될 뿐, 서로에게 이익이 되는 소통은 아니다.

2) 개소리(開疎利), 즉 서로에게 이익이 되는 소통방법

'개소리'는 서로의 입장과 사실을 있는 그대로 열어 놓고(開, Open), 주장만 하는 대화에서 공감하고 수용하는 대화로 바꾸고(疎, Communication), 서로에게 이익이 되는(利, Win-Win) 방안을 모색하는 것이다. 아파트 단지와 택배업체의 경우, 거주 노인이나 인근 노인을 택배 인력으로 활용해 아파트 내에서 주택까지 방문 배송하는 방식을 찾았고, 배송 금액 일부를 보건복

지부, 지자체, 아파트가 분담하는 방안을 모색했다. 이것이 바로 '열린 소통을 통한 서로의 이익' 즉 '개소리'다.

약자인 우리가 무례한 상대방으로부터 품위를 지키는 한 방법은 불가침성을 띠는 '영역'을 정해 놓는 것이다. 이것은 삶에서 절대로 타협할 수 없는 영역이요, 이유가 필요 없는 원칙의 영역이다. 누군가 이 영역을 넘보는 사람이 있다면, 그 대상에게 분명하게 자기주장을 하며 경고 신호를 보낼 수 있어야 한다. 가령 "저의 신체에 대한 평가는 받고 싶지 않으니, 더 이상 말하지 말아주세요."라고 말함으로써, 침해받고 싶지 않은 영역이 무엇인지 상대방에게 분명히 밝혀 놓아야 한다. 이를 어길 시엔 경고 신호를 보낸다.

경고 신호를 보낼 때는 상대방의 말을 녹음하듯 그대로 전하는 것이 효과적이다. "선배님이 '야! 네 허리가 점점 굵어지니 XX 닮아 보인다.'라고 말해서 불쾌해요. 저의 신체에 대한 평가는 하지 말아주세요."라고 알리는 것이다. 즉, 그의 언행을 그대로 들려준 후, 그 언행의 여파로 어떤 기분을 느꼈는지 솔직하게 표현하고 내 바람을 요청하는 것이다.

그럼에도 불구하고 영역을 넘어온다면, 자존감을 지키기 위한 최후의 방어 전략을 써라. 실제로 녹음하여 들려주는 것은 매우 효과적이다. 상대방과 관계가 악화될 것을 염려하여 휘둘리며 품위를 잃고 사는 것보다는, 관계 단절을 각오하더라도 절대 양보할 수 없고 타협이 불가한 영역을 선포하는 것이 낫다.

소통에 대한 강의를 하다 보면 많이 받는 질문이 있다.

"강사님은 집에 가면 안 싸우세요?"

그러면 나는 "잘 싸운다."고 대답한다. 그렇지만 감정적으로 격렬하거나 앙금을 남기지는 않으며, 싸우고 나서는 서로를 더 이해하게 되고 더 좋은 관계가 된다고 분명히 말한다.

나는 오래전부터 싸워 오며 공부하다 보니, 우리 둘만의 부부싸움 기술이 생겼다. 이 기술은 상담공부를 하면서 접하게 된 '이마고 부부 대화법'과 '가트만식 대화법'을 우리 부부만의 방식으로 응용한 것인데, 효과가 제법이다.

평상시 대화는 자기 방식대로 편하게 한다. 그러다 의견 차이를 보이며 감정이 격해지면 일단 대화를 멈춘다. 그리고 서로 혼자만의 시간을 갖고 다시 대화를 시작한다. 그럼에도 불구하고 서로의 대화가 팽팽해지면, 이번에는 동네의 카페로 걸어 내려간다. 카페에서 대화하는 이유는 목소리가 커지지 않기 때문이다. 감정적인 언행을 서로 최소화할 수 있는 장점이 있다. 때로는 걸어가는 도중에 혹은 카페 분위기가 좋으면 시시하게 끝나 버리는 경우도 있다. 그러고도 대화가 더 필요해지면, 간단하면서도 유용한 둘만의 룰을 적용한다.

1) 충분히 말하도록 보장한다.

즉, 상대의 말을 가로막거나 제지하지 않는다.

2) 듣는 사람은 상대방을 보면서 '작정하고' 들어준다.

3) 들은 뒤에는 상대의 말을 '녹음하여 들려주듯' 요약하며, 내가 이해한 것을 확인한다.

이때 상대의 말을 공감해주거나 일부라도 수용해주면 금상첨화다.

예를 들면 이런 것이다.

아내: "당신이 큰 소리로 소리 지르면서 말하면 나도 대화하기 싫어. 그러니까 화내지 말고 얘기해줬으면 좋겠어."

남편: (마치 녹음한 것을 들려주듯이) "그래, 내가 큰 소리로 소리 지르면서 말하면 당신이 대화하기 싫단 말이네. 내가 화내지 않고 얘기해주길 바란다는 말이고, 맞아?"

이때 "화내지 않고 말하도록 해볼게."라고 수용하면 더더욱 좋다.

이렇게 들어주는 방식은 서로 '이해받고 있다'는 감정까지 선물해준다. 이해받고 있다는 느낌만 생겨도 응어리는 쉽게 풀어진다. 이렇게 싸우고 나서 이해받는 경험을 할 수 있으니 싸움이 꼭 나쁜 일만은 아닌 것 같다. 이것이 바로 잘 싸우는 나만의 '개소리'다.

들어주려는 마음이 없이는 그 어떤 대화 기술도 쓸모없다. 그리고, 들어주려는 마음이 있고 없고는 표정과 목소리에 그대로 드러난다.

세상을 움직이는
일만 명 리더십의
비밀

리더의 부재 속에서 진정한 리더가 될 수 있는 자존감 수업

　세상의 눈이 많아지면서 과거에는 감춰지고 가려졌음직한 일들이 사람들의 손바닥 위에 그대로 펼쳐져 보이게 되었다. 조직의 홍보팀 같은 곳에서 작위적으로 만들어내던 리더의 선한 이미지가 실체를 드러냈다. 사무실이나 비행기에서 서슴없이 소리 지르며 무엇인가를 던지는 모습이 세상에 드러나 버린 것이다. 지금은 '부처님 손바닥'처럼 모든 것이 훤히 드러나 보이는 세상이다. 강압적 권력에 의존하여 직원의 자존감에 상처를 주는 리더의 모습을 모든 사람들이 지켜보았다. 그들은 더 이상 리더가 아님이 공표되었다. 리더에게 실망과 배신을 경험한 직원들은 이제 더 이상 자발적 몰입을 하지 않는다. 직원의 자발적

몰입을 이끌어내지 못하는 리더는 더 이상 리더가 아니다. 가짜 리더다.

그들을 리더로 착각하고 따랐던 우리를 탓하진 말자. 그들로 인해 우리의 자존감이 낮아진 건 사실이지만, 일시적이다. 오히려 그들에게 더 이상 휘둘리지 않고 우리의 영역을 당당히 요구할 만큼 우리의 자존감 수준이 높아졌다. 내면이 강해진 것이다. 그들의 강압적 권력에 더 이상 끌려다니지 않고 의연할 수 있게 되었으며, 거뜬히 버텨낼 힘도 갖게 되었다. 그것만으로도 우리는 위대해졌다. 내가 나를 지켜내는 힘, 내가 나의 가치를 알고 지키며 존중하는 자존감이 그만큼 커진 것이다.

우리는 진정한 리더에 목마르다. 이제는 세상에 믿을 만한 리더가 없다고 자조할 게 아니라, 우리의 높아진 자존감 수준에 맞는 '자존감 높은 리더의 리더십'을 요구할 시점이 되었다.

우리가 지켜본 비뚤어진 리더들은, 자기만을 위해주는 성장 환경과 자기를 떠받쳐주는 조직에서 자랐다. 그곳에서 '자기애'만 높였고, 타인의 마음은 읽을 기회조차 없었다. 그러한 리더 밑에 있는 다수의 사람들이 성과주의에만 내몰린 건 어찌 보면 당연한 일일 것이다. 온전히 존중받아본 적이 없었으니 말이다.

70~80년대 고도성장을 이루던 시대에 성공하려면 당시의 권

력자가 만들어 놓은 가치와 규칙에 충실히 따라야 했다. 개인적 성공은 오직 승진이었고, 승진하려면 그들의 지시에 따라 일사불란하게 움직여야 했다. 높은 자존감? 그런 건 필요하지 않았다. 그들의 권위에 도전하거나 의문을 제기하거나 창의적인 의견이라도 제기한다면 미운털이 박혔다. 자기를 낮추며 권위자의 지시에 동조하거나 순응하는 수준의 자존감만 유지하면 충분했다. 그들은 그렇게 학습되었다. 그래서 군대식 지휘-통제 피라미드의 수직적 구조가 먹혀들었고, 리더십이라는 것도 권위적이고 카리스마적인 것으로만 이해되었다. 큰 목소리로 지시하며 직원의 의견에 타협하지 않는 리더가 추진력 있는 리더로 평가받았다.

실제로 2010년 국내 굴지의 자동차 회사의 '부진 지점장 대상 강의'에서 성과가 부진한 지점장으로 내몰린 리더들의 성향을 분석해보니, 대부분 부드럽고 유순한 성향의 리더들이었다. 권위적이며 일방적인 성향의 리더들은 거의 없었다.

리더십 분야의 세계적 권위자 로버트 호건 박사는 한국의 리더십에 대해 이렇게 평했다.

"한국에서는 아직도 리더는 독단적이고 카리스마가 있어야 한다는 고정관념이 있다. (중략) 리더십에 대해 잘못 이해하고 있는 한국의 리더들은 직원에게 쉽게 흥분하고 폭언 등 과격한 방식으로 자신의 권위를 과시하고 싶어 한다."

그러니까, 한국에는 아직도 자존감이 낮은 리더들이 그 자리에 앉아 언어폭력을 일삼고 있다는 말이다.

GE의 제프리 이멜트(Jeffrey Immelt) 회장도 한국을 방문하여 바로 이 점을 지적하였다.

"다양성과 융합이 필요한 4차 산업혁명 시대에 한국 기업은 불리한 구조를 가지고 있다. 무엇보다 수직적인 조직 문화를 혁신하지 않으면 힘들다."

권위적이고 위계적인 리더에 눌린 직원들이 자기의 의견을 편하게 말할 수 없으니 다양한 분야의 아이디어가 융합되지 못하며, 결과적으로 기술 혁신을 이루는 데 한계가 있다는 지적이다.

지금 우리는 4차 산업혁명 시대로 접어들었다. 과거의 성공 경험을 안겨준 낡은 가치와 권위적 리더십으로는 지금의 혁신 환경에 대응할 수 없다. 직원들은 이제 과거의 리더가 만든 규칙과 가치에 의문을 제기하거나 도전할 정도로 높은 자존감을 지녔다. 비행기 안에서 일방적으로 타인의 자존감을 무시해도 되는 리더는 더 이상 없다는 것을 낡은 가치에 의존하던 리더들은 똑바로 인식해야 한다.

지금은 기계나 장비를 관찰하고 사람을 감독하며 지시하던 관리자는 더 이상 필요 없는 시대가 되었다. 그 역할은 첨단 장비로 충분해졌다. 관리 대신 전문적인 기술과 지식을 자발적으로 발휘하는 전문가들의 통합만 있을 뿐이다. 그러므로 이제 우리가 해야 할 과제는, 그동안 익숙하게 추종해 왔던 권위적 리더십을 과감히 버리는 일이다. 또 그런 리더십을 지탱하게 했던 낡은 가치를 버리는 일이다. 타인을 변화시키려는 의도로 나의 리더십을 개발하겠다는 착각도 버려야 한다.

평생 자존감을 연구해 온 나사니엘 브랜든(Nathaniel Branden)은 이런 말을 했다.

"우리는 언제나 자존감이 비슷한 사람을 소울 메이트로 선택한다."

이 말은 부부에게 해당되는 말이 아니다. 그보다는, 우리가 돈이나 권력으로 타인의 자존감을 짓밟은 사람을 추종했다면, 우리 역시 동일한 사람들일 수가 있다는 말이다. 이제는 이런 모습에서 탈피해 우리의 내면으로부터 진정한 리더십 모델을 찾아야 한다. 그래야 자존감 높은 리더가 자존감 높은 사람들과 소울 메이트가 되어, 파트너로서의 영향력을 발휘할 것이다.

요즘에는 자존감을 높이라고 역설하는 자기계발서들이 많다. 그런데 어떤 책들은 나를 지키기, 조금 더 이기적이 되기, 나 홀로 살아가기 같이 자기만을 위해 살아가는 것을 강조한다. 그런 것들이 자존감이라고 착각하는 것이다. 하지만 진정한 자존감은 자기의 영역을 넘어서 타인의 영역도 신경 쓰고 존중하는 것이다. 마슬로우의 '욕구위계론'에 따르면, 주변 사람과의 상호작용에서 '애정의 욕구'를 충족한 사람이 상위의 욕구인 '자아존중의 욕구' 즉 자존감의 단계로 발전한다.

시대가 요구하는 자존감 높은 리더는 직원들이 상호작용을 통해 애정의 욕구를 충족할 수 있도록 '대인관계 능력'과 '열린 소통 능력'을 발휘하는 리더다. 자존감 높은 요즘의 직원들은 모든 업무 과정에 참여하여 자신의 생각과 관심을 나누기를 원한다.

나사니엘 브랜든에 따르면, 이 두 가지 능력을 갖추는 데 가장 방해가 되는 것은 리더의 낮은 자존감이다. 낮은 자존감을 가진 리더는 열린 소통을 하지 못한다. 자기를 개방하는 것도, 솔직한 피드백을 받는 것도 두려워한다. 자신의 한계가 노출되니 감추어야 하고, 직급 낮은 직원의 의견을 수용하자니 자존심이 허락하지 않는 것이다. 그러므로 진정한 리더가 되려면 낮은 자존감을 높은 수준으로 끌어올려야 한다.

구글이나 페이스북 같은 오늘날의 혁신기업들도 자존감 높은 직원들의 참여와 소통이 기반이 되어 성장했다. 마찬가지로 자존감 높은 직원들이 의사결정 과정에 참여할 수 있는 환경을 만들어 주고, 그들의 생각과 의견을 리더에게 편하게 말할 수 있는 수평적 관계를 보장해 주어야 한다. 그들을 소울 메이트라고 여길 수 있는 리더가 진짜 리더, 자존감 높은 리더다.

리더의 자존감은 있는 그대로의 자기를 인식하고 수용하는 내면의 성찰을 통해 높아진다. 단지 리더십 교육을 받고 리더십 스킬을 사용한다고 될 일이 아니다. 진정한 리더십 공부는 이상적인 리더십과 현실적 자신의 간극을 좁혀가는 것이다. 그러려면 스스로 '나는 어떤 사람인가?'라는 질문을 끊임없이 던져야 한다.

이제는 자존감 높은 리더와 자존감 높은 직원들이 소울 메이트가 되어 협업하는 시대가 왔다. 책을 읽고 글을 쓰며 성찰하는 리더만이 높은 자존감을 가진 직원에게 긍정적인 영향력을 발휘할 수 있다. 자기만을 위하느라 타인의 마음을 읽어주지 못하는 '자기애'적 자존감 수준을 넘어 서자. 동료 직원의 마음을 읽어주며 협업을 이끌어내는, 자존감 높은 리더가 되자.

Part 5

THE GREATEST MESSENGER

열정스위치를
ON으로 만드는 Passion Designer
_김기호

김기호

직장생활의 희망을 전하는 열정스위치

저자는 34년의 치열했던 직장 생활을 마무리하면서 새로운 삶을 준비하고 있다. '군대'라는 다소 특별한 직장을 다녔지만, 저자는 자신을 전직 군인이라는 딱딱한 칭호로 소개하지 않는다. 그보다는 '34년간의 조금 특별한 경험을 더한 전직 직장인'이자, 꿈과 열정을 켜는 '열정스위치'라고 말한다. 꿈과 목표를 향해 최선을 다하는 이들에게 조금이나마 도움이 되고자, 군에서 겪었던 지휘관으로의 소중한 경험을 나누고 있다. 생명이 위험한 상황에서도 끝까지 맡은 바 소명을 다하는 부하들과 함께하면서, 결코 그들의 목숨 값으로 개인의 영달을 바라지 않겠다고 맹세한 신념을 지켜나가고 있다.

또한 오랫동안 보고 느낀 직장생활을 통해, 직장은 결국 '사람이 함께하는 곳'임을 느꼈다. 그렇게 겪어온 모든 곳에서의 경험과 배움을, 이 시대의 꿈과 희망을 향해 나아가는 직장인과 젊은이들에게 전해주고자 한다. 그들에게 열정을 불러일으키게 하는 전도사가 되기 위해 공저『가장 위대한 메신저』를 썼다.

오랜 직장생활 속 다양한 관계들에서 겪은 기쁨과 애환을 재미있고 쉬운 이야기로 풀어내는 개인 저서가 곧 출간을 앞두고 있으며, 이미 온라인상에서 저자의 글이 10만 뷰 가까이 조회가 될 정도로 직장인들 사이에서 큰 화제를 일으키고 있다.

상담학 박사로서 고려대 명강사최고위과정과 (사)한국강사협회 명강사육과정을 수료하였으며, 캄스이고그램 전문강사로 활동하고 있다.

---

* E-MAIL : kndu1450@hanmail.net

* BLOG : https://blog.naver.com/kndu1450

끝까지 해내는 힘,
업무 달성력을
높여라
원하는 업무 목표를 끝까지 이룰 수 있는 방법

회사에는 단순한 일보다 복잡한 일들이 많다. 그리고 아무리 복잡한 일이라도 해 내기를 요구받는다. 때로는 현실적으로 불가능해 보이는 일도 있지만, 어쨌든 반드시 해 내야 한다.

"임자, 해봤어?"

故 정주영 회장의 어록 중 꽤 유명한 말이다. 어떤 경영진이나 기술자들이 어려운 난관에 부딪혀 어렵다, 못하겠다고 부정적인 견해를 내면 늘 이렇게 반문했다 한다. 현장에서 늘 몸으로 부딪쳐 성취해 냈던 그로서는 해보지도 않고 부정적인 견해를

내놓는 사람들을 이해할 수 없었던 것이다.

우리는 보통 "주어진 일을 끝까지 해낸다"는 말을 하곤 하는데, 이런 일들은 대체로 자신이 감당하기 어려울 만큼 힘들고 중요한 업무인 경우가 많다. 단순하게 할 수 있는 평범한 일이라면 이런 표현으로 말하지 않는다. 그리고 이런 일들은 아무에게나 주어지지 않는다. 보통은 회사 생활에 꿈과 목표가 있는 사람들에게 주어진다. 다른 말로 하면, 이렇게 어려운 일이 주어진다는 것은 기회일 수가 있다는 얘기다. 회사로서는 반드시 성사시켜야 할 중요한 일일 때 그러한 요구를 한다. 그러므로 두렵다고 피한다면, 그에게는 두 번 다시 이런 기회가 오지 않을 것이다.

약간의 가능성만 있어도 도전하라.

회사에서 자신이 원하는 꿈과 목표를 이루기 위해서는 업무 능력과 더불어 성과를 만들어 내야 한다. 그것도 남들이 일상적으로 이루어 내는 정도가 아니라, 자기만의 노력이 돋보이는 괄목할 만한 성과를 내야 한다. 그렇다고 안 되는 것을 억지로 되게 만들라는 말이 아니다. 조그마한 가능성만 있어도 그것을 이루기 위해 준비하고 도전해야 한다는 말이다. 가능성만 있으면 아무리 어렵고 성공확률이 낮아도 해내야 한다. 때로는 자기 자신을 걸어야 할 수도 있다. 그렇지 못하면 기회는 영영 사라지고 말 것이다. 버나드 쇼의 묘비명처럼 "우물쭈물하다가 내 이럴 줄 알았다"고 후회나 아쉬움을 가져도 소용이 없다.

인천상륙작전의 성공확률은 약 1/5,000(0.0002%)이었다고 한다. 해군과 해병대 장성들은 맥아더의 계획이 불가능하다며 반대했다. 하지만 맥아더는 인천이야말로 성공 가능하고, 전쟁의 주도권을 빼앗을 수 있으며, 북한군에게 정신적인 타격을 줄 것이라고 합동참모본부를 설득했다. 결국 맥아더는 인천상륙작전을 승인받았으나, 어려울 경우 군산을 고려해보라는 조건이 붙었다. 말하자면 조건부로 승인받은 것이다. 하지만 여기서부터가 중요하다. 일단 합동참모본부의 승인이 떨어지자, 반대하던 사람들도 어떻게든 작전을 성공시키기 위해 모든 노력을 기울였다는 것이다.

신념과 끈기를 가지라.

힘든 일을 끝까지 해낸다는 것은 결코 쉬운 일이 아니다. 그러기 위해서는 자신만의 강한 신념이 있어야 한다. 회사생활에 대한 신념이어도 좋고, 맡은 일은 반드시 해낸다는 사명감이어도 좋다. 흔히들 "초심으로 돌아가라"는 말을 하는데, 이것은 처음 시작할 때의 마음가짐이나 신념을 다시금 확인하라는 말이다. 어렵고 힘든 일도 꿋꿋하게 헤쳐나갈 수 있는 정신적 자세와 의지를 되새기라는 말이다. 자기만의 마법의 주문을 외워도 좋다. 자신을 지탱해낼 수 있는 신념을 가져라. 그리고 그 신념에다 끈기를 더해라.

에디슨이 백열등을 발명할 당시, 이름이 꽤 알려진 실바누스 P. 톰슨이라는 교수가 있었다. 그는 에디슨의 연구를 이렇게 평가했다.

"그의 실패는 예정된 길이다. 전기학과 역학의 기본조차 모르는 그의 천박함을 확인시켜줄 것이다."

하지만 에디슨은 다르게 말했다. 톰슨 교수의 말과 에디슨의 말을 비교해 보라.

"다른 발명가들은 몇 번 실험해보고 쉽게 포기하는 게 문제다. 나는 원하는 것을 얻을 때까지 결코 포기하지 않는다."

결국 끈덕진 에디슨은 외롭고 힘든 싸움을 수없이 싸운 후 백열광을 내는 전구를 발명해 냈다.

에디슨같이 끈기로 성공한 사람들에 대해서 진 랜드럼은 이렇게 말한다.

"끈기 있는 사람들은 이기는 것만 염두에 둘 뿐, 지는 것은 생각하지 않는다. 그들은 어떻게 이길 것인가에 집중하고, 패하는 법에 대해서 염려하지 않는다. 어떤 기회라도 긍정적인 면만을 보고 부정적인 면을 보지 않기 때문에 그들을 낙천주의자들이라고 규정한다. 승리를 향한 불굴의 의지와 자신감은 그들의 편이다. 끈기 있는 사람들은 최고의 길에 도사리고 있는 온갖 장애물들을 물리친다. 이 점에서 그들은 특별하다. 그들은 문제가 생기면 그것을 기회로 파악할 뿐 위기로 받아들이지 않는다."

_ 진 랜드럼, 『열정능력자』

열정과 대의명분 그리고 불굴의 정신

열정적으로 일하는 사람은 대부분 기회를 잡고 어떤 경우라도 성과를 만들어낸다. 하지만 일의 경중에 따라서는 열정만으로 되지 않을 때가 있다. 아무리 열정적으로 일해도 주변에서 도와주는 사람이 없으면 힘이 들기 마련이다. 맥아더의 인천상륙작전 같은 경우는 일단 승인이 나자 반대하던 사람들도 협력했다고 하지만, 회사에선 그런 일이 드물다. 협력은커녕 반대만 하며 힘들게 하는 사람이 꼭 있다. 이것은 혹독한 시련이요 위기이다. 이럴 때 필요한 것이 바로 대의명분(大義名分)이다.

이순신 장군은 전라좌수사로 부임한 뒤, 조정의 아무런 도움도 없이 거북선과 화포를 만들고 훈련을 통해 수군을 재정비하였다. 스스로 군량미를 조달하며 생활했고, 군사훈련도 자체적으로 시켰다. 조정의 불합리한 간섭 속에서도 이순신 장군은 전장에 나가 연전연승했다. 어떻게 이런 일이 가능했을까? 그것은 바로 대의명분 때문이었다. 만약 왜적으로부터 조선을 지켜야 한다는 대의명분이 없었다면 이순신 장군은 그 일을 계속할 수 있었을까?

대의명분은 또한 그에게 불굴의 정신을 만들어 냈다. 왜적을 만나면 연전연승을 하는 그였지만, 오히려 조정으로부터는 미움을 받았다. 때로는 생명의 위협을 느꼈으며, 심지어 백의종군을 하기까지 했다. 하지만 명량에서는 불과 13척의 배로 300척이 넘는 왜군을 싸워 이겼다. 그것은 옳은 일을 위해서는 목숨도 바치겠다는 강력한 정신, 어떠한 시련과 어려움이 있어도 나라와 백성을 구하겠다는 '불굴의 정신'이 있었기에 가능했던 것이다.

회사에서도 마찬가지다. 원하는 것을 얻기 위해서는 자신을 걸고 희생할 수 있는 열정이 있어야 한다. 만약 열정만으로 얻기 힘들다면, 왜 이 일을 하는지에 대한 분명한 이유, 즉 대의명분을 느껴보라. 명분이 없으면 주변의 반대나 불편한 목소리를 대할 때 자칫 흔들릴 수가 있다. 그러므로 자신이 하는 일에 대한 이유를 돌아보고, 확신을 얻으라. '열정, 대의명분, 불굴의 정신' 이것들은 어떤 어려운 상황에서도 자신이 간절히 원하는 것을 끝까지 해내는 힘, 업무의 달성을 높여주는 강력한 힘이다.

윈스턴 처칠은 "낙관주의자는 극심한 불운 속에서도 기회를 보고, 비판주의자는 엄청난 기회 속에서도 불운을 본다."고 말했다. 따라서 회사가 어려울 때 나서는 사람은 거기에서 기회를 보는 사람이다. 그래서 대담해야 한다. 기회가 오면 기회를 잡고, 자신이 할 수 있는 모든 노력을 다해서 그것을 성사시켜보라. 조용한 회사가 갑자기 어려워지거나, 도약할 수 있는 큰 바람이 분다면 그 일에 뛰어들어라. 그 일은 회사의 중요한 결정을 하는 사람들이 모두 다 관심을 가지는 일이다.

기억하라. 열정과 대의명분 그리고 불굴의 정신, 이것을 갖고 있는 사람은 보배로운 사람이다. 회사의 입장에서 없어서는 안 될 사람이다.

똑같은 업무 조건에 대처하는 현명한 자세

누구보다 빠르고 정확하게 최대한의 성과를 내는 방법

회사에 입사할 때까지는 소위 스펙이 중요하다. 합격자가 발표될 때까지는 어느 학교에서 무엇을 전공했는지가 중요하게 작용된다. 하지만 입사한 후에는 모두가 똑같다. 합격했다는 것은 그 회사에서 업무를 수행할 수 있는 기본적인 요구 조건을 충족했다는 것이다. 이제 모두가 출발점에 서서 새로운 시작을 한다. 이때부터는 스펙이 아니라 다른 게 요구된다. 바로 품성과 태도이다. 이것은 최종 합격 때까지 회사가 볼 수 없었던 것이다. 그 사람이 업무를 대하는 자세와 다른 사람과의 관계에서 나타나는 대인관계, 그리고 그 사람의 됨됨이를 알 수 있는 품성과 태도, 이런 것들은 함께 생활해야만 확인할 수 있는 것들이다.

입사 이후 개인의 능력을 발휘하는 것은 명문 대학 출신 여부가 아니다. 그런 것은 학연이나 지연 등 개인적인 친목 활동에는 도움이 될지 몰라도, 업무에 적용하기에는 어렵다. 왜냐하면 부하직원뿐 아니라 상사도 승진을 바라고 있기 때문이다. 상사 입장에서는 동일한 조건의 부하 직원이 업무능력에 올바른 품성과 태도를 가지고 있으면 좋다. 거기에다 회사가 요구하는 전문성까지 가지려고 노력한다면 긍정적으로 지켜볼 것이다.

열심히는 하는데 자꾸 실수를 하거나, 동일한 시간과 조건 속에서도 다른 이들에 비해 성과가 차이 나는 이유는 무엇일까? 나폴레옹이 사관 생도였던 시절, 한번은 교관이 생도들에게 질문을 했다고 한다.

"똑같은 병력, 똑같은 지형조건에서 똑같은 무기를 가진 두 군대가 싸운다면 어느 편이 이기겠는가?"

이때 나폴레옹이 대답했다.

"최후의 5분까지 견디는 군대입니다."

회사도 마찬가지이다. 똑같은 시간에 똑같은 일을 해도, 누군가는 다른 사람보다 빠르고 정확하게 일하면서 더 높은 성과를 낸다. 그 방법을 익혀서 회사생활에 적용한다면, 우리는 분명 상사에게 인정받으며 생활하게 될 것이다. 여기서는 더 많은 성취

를 이루기 위해 나만의 업무처리 프로세스를 만드는 법을 설명
하겠다.

첫째, 관련 업무를 파악하라.

창의적인 생각이 떠올랐든 상사에게 지시를 받았든, 어쨌든
자신이 잘 모르는 업무를 시작한다면 우선 업무 추진에 영향을
미칠 수 있는 관련 법규나 규정을 확인하는 것이 좋다. 아니 이
것은 습관화해야 한다. 그 다음엔 기존에 유사한 업무가 있었는
지를 관련 자료를 통해 확인하되, 참고만 하라. 그것은 그 업무
의 입장과 상황에 맞게 작성한 것일 뿐, 나의 입장과 상황에 맞
는 건 아니다. 다음에는 내부적으로 협조해야 할 인접 부서와 고
객, 다른 회사와의 경쟁관계에서 고려해야 할 사항을 분석한다.
그리고 업무추진 일정과 보고 시점을 파악한다. 마지막으로 기
대되는 성과나 결과를 예측하는 것도 필요하며, 최악의 경우 발
생할 수 있는 문제점과 대응 방안도 반드시 마련해야 한다.

둘째, 업무에 집중하는 시간을 확보하라.

효과적으로 업무를 수행하기 위해서는 하루에 한 시간이라
도 업무에 집중할 수 있어야 한다. 회사는 상사나 동료와의 업무
토의, 회의 참석, 외근, 전화응대 등 외적 요인이 많아, 낮에 업무

에 집중할 수 있는 시간이 많지 않다. 오죽하면 업무시간에는 집중할 수가 없어 퇴근 이후에 자신의 업무를 처리한다고 하겠는가? 나도 지금 책을 쓰면서 집중할 수 있는 한 시간을 정해놓고 알람을 맞춰두었다. 한 시간을 집중한 후에는 잠시 휴식을 취하면서 사소한 일이나 잡무를 처리한다. 그리고는 다시 한 시간을 맞춘다. 집중하는 시간은 자신의 상황에 맞게 설정하되, 한 시간이 어려우면 30분 단위로 설정한다. 집중 시간이 성공하면 계속 늘리면 되고, 성공하지 못하면 그 시간부터 다시 시작하면 된다. 이렇게 하면 업무에 대한 집중력이 매우 높아지고, 성과가 달라지는 것도 확실히 느낄 수 있을 것이다.

저항의 핵심이 무엇인지 파악하라.

업무를 추진하다 보면 어려운 일이나 저항이 생길 때가 있다. 그러면 그 저항의 핵심이 무엇인지 알아야 한다. 반대하는 이들은 왜 반대를 하는지, 어떻게 하면 그들을 움직일 수 있는지를 알아내야 한다. 핵심을 파악하면 적절한 자극을 주어 그들을 동참하게 할 수 있다.

과거 회사에 다닐 때 사회적 기업의 후원을 받아, 예하 조직에 많은 복지 혜택이 주어지도록 지역별 영화 시스템을 만들려고 한 적이 있다. 누가 보아도 이루어지기만 하면 좋은 문화적인 혜택을 줄 수 있는 일이었다. 나는 이 일을 성사시키기 위해 관련 부서의 담당자들을 불러 모았다. 하지만 참석자들은 반대하기만 했다.

"어려운데요."

"이걸 왜 너희 부서에서 하냐?"

"우리 부서는 보안 때문에 협조하기가 좀 그래요."

"장비의 유지 보수 문제가 걸리는군."

"콘텐츠가 좀 ……."

아무리 이야기해도 안 되겠다고 판단한 나는 특단의 조치를 취했다.

"좋습니다. 그렇게 부정적이면 접도록 하지요. 대신, 이렇게 많은 사람들이 복지 혜택을 받을 수 있는 걸 반대하시니, 그 반대의 이유를 부서장들이 직접 CEO께 보고토록 하겠습니다. 어떤 보고를 할지는 사전에 알아야 하니, 일주일 뒤에 이 자리에서 다시 토의하겠습니다."

자, 일주일 뒤에 어떤 일이 일어났을까? 모든 부서가 일이 추진되는 방향으로 업무를 정리해서 가져온 것이다. 이때 나는 두 가지를 염두에 두고 해결책을 찾으려고 했고, 다행히 그것이 유효했다.

사람들은 누구나 자신의 승진에 대한 기대감을 가지고 있다.

그리고 누가 보아도 예하 조직에 큰 복지 혜택을 주는 일을 담당자가 부서장에게 안 된다고 말하기는 어렵다. 설령 부서장에게 말했다 해도, 부서장이 CEO에게 부정적인 보고를 하는 것은 매우 힘들다. 나는 바로 이러한 것들을 건드린 것이다. 결과적으로 그 사업은 무리 없이 추진되어 좋은 성과를 거두었다. 여기서 주의할 점이 있다. 무엇을 건드려야 할지를 깊이 생각하라는 것이다. 개인의 약점은 절대 건드리지 말라. 섣불리 건드렸다간 자신에게 부메랑이 되어 돌아올 것이다. 그러면 견디기 힘든 아픔이 될 수도 있다.

보고 체계를 철저히 하라.

보고는 업무에 대한 상하급자의 소통으로, 일하는 데 있어 매우 중요하다. 그렇다고 거창한 보고 체계를 만들라는 말이 아니다. 소통이 되도록 간단하게 하면 된다. 보고 방법도 메일이나 문자메시지 등 다양한 방법이 있다. 어떤 방법을 사용하든 적시에 보고하는 것이 중요하다.

그러면 언제, 어떻게 보고하는 것이 효과적일까? 우선은 아침에 출근하여 현재까지의 상황을 보고하는 게 좋다. 추진 중인 일에 대하여 수첩에 간단히 메모해 놓은 것을 구두로 보고하는 것이다. 이렇게 의사소통을 하고 지침을 받는 것을 정기적으로 생활화해라. 그렇게 하면 긴박한 사항을 제외하고는 상사와 대부분 같은 생각을 공유할 수 있다. 수시로 보고할 수도 있지만, 시간을 정해 놓고 하는 것이 다소 효과적이다.

다만 문서에 얽매이지는 말라. 구두로 보고한 것을 조금씩 정리해 나가다가 방향이 확실하게 결정되면 그때가서 문서로 기안해도 된다. 어떤 경우에는 기본적인 방향도 문서화되어야 대화가 되는 업무가 있다. 이 경우에도 키워드만 작성하여 대화하면서 방향을 잡아가는 것이 좋다. 그렇게 하면 전체적인 문서를 완성하는 노력을 줄이고, 자신의 일에 더욱 집중할 수 있다.

현장을 확인하라.

업무를 추진 할 때는 최대한 항상 현장을 확인하라. 책상에 앉아 예측하거나 자신이 직접 확인하지 않은 것을 미리 확신하거나 판단하지 말라. 필요하면 자신이 직접 고객이나 상대의 입장에서 행동해 봐라. 그래야 문제점이 무엇인지 보인다. 대부분의 조직들은 현장에 답이 있다고 한다. 현장을 모르면 아무리 좋은 계획도 현실성 없는 공상에 그치는 경우가 많기 때문이다.

디테일에 신경 써라.

아무리 사소한 것이라도 무시할 수 있는 건 없다. 디테일의 힘을 무시하지 말라. 왕중추는 『디테일의 힘』에서, "모든 위대함은 작은 것들에서 기인한다."고 말했다. 1%의 실수가 100%의 실패를 낳을 수 있는 법이다.

"문제는 항상 작은 것에서 출발한다."

이 진리를 결코 잊지 말라.

항상 배우는 자세를 가져라.

오늘날에는 하루하루가 급격하게 변화하고 있다. 변화하는 트렌드를 읽고 회사 발전에 기여하기 위해서는 항상 배우는 자세가 필요하다. 상식선에서 업무를 하려고 하지 말라. 책이든 오프라인 강의든 인터넷 강의든, 마음만 먹으면 배울 수 있는 곳이 도처에 널려 있다. 이러한 배움이 없이 자신의 상식으로만 업무를 처리하려 한다면, 그 사람에게는 창의적인 아이디어를 기대하기 어렵다. 그 사람 개인에게도 꿈을 이루고자 하는 발전이 쉽지 않을 것이다.

네트워크를 형성하라.

전문가 그룹과 네트워크를 만들어 보라. (오해하지 말라. 연줄이 아니라 네트워크다.) 복잡하고 세분화된 업무 분야를 혼자서 다 알고 추진하기는 어렵다. 신현만은 『회사가 붙잡는 사람들의 1% 비밀』에서 이렇게 말했다.

"한 사람의 가치는 바로 그가 가지는 네트워크의 총체적 가치라고 할 수 있다. 아무리 여러 조직의 사람을 안다고 해도 실제 업무에서 서로 정보를 주고받거나 도움을 주지 못한다면 큰 의미가 없다. 단순히 누구를 아는 것과 그를 통해서 비즈니스가 시작되는 것은 전혀 별개의 문제이다."

자, 자기만의 업무 프로세스를 만들 수 있겠는가? 업무를 추진할 때는 어떤 절차로 처리하면 되는지 반드시 자기만의 노하우를 가져야 한다. 한 가지 더 말한다면, 혼자서 하기보다는 다양한 전문가의 능력을 활용할 줄 알아야 한다는 것이다. 현재와 같이 직업의 분야와 업무의 영역이 세분화되어 있는 현실에서는 혼자서 처리하는 것이 불가능하다. 아니 그럴 필요도 없다. 각 분야별 전문가의 조언을 듣거나 그들과 연계해서 업무 처리 방향을 얻을 수 있다면, 똑같은 업무라도 더욱 빠르고 정확하게 대처할 수 있을 것이다. 이것은 매우 효과적이고 성과 있는 업무 수행 능력이 될 것이다. 다만 그것은 철저하게 자기만의 업무 프로세스 속에서 진행되어야 한다.

"인간은 선천적으로 사랑스러운 사람이 되기를 원한다. 다시 말하면 사랑받을 수밖에 없는 자격을 갖추고 싶어 한다. 또한 인간은 선천적으로 미움 받는 사람이 될까봐 두려워한다. 다시 말하면 미움 받아 마땅한 사람이 되는 것을 두려워한다. 인간은 칭찬받을 만한 사람이 되고 싶어 한다. 즉, 아무도 자신을 칭찬하지 않는다고 해도 마음으로는 칭찬받을 자격을 갖추고 싶어 한다. 인간은 비난 받는 사람이 될까봐 두려워한다. 즉, 아무도 자신을 비난하지 않는다고 해도 마음으로 비난받아 마땅한 사람이 될까봐 두려워한다."

_ 애덤 스미스, 『도덕감정론』

흔히 회사는 일을 하러 가는 곳이 아니라 상사를 만나러 가는 곳이라고 한다. 그만큼 상사는 주변과의 관계에 영향이 크다. 특히 부하직원에 대한 영향력은 이루 말할 수 없다. 이렇게 많은 영향을 미치는 직속상사와 관계가 불편해지면 회사를 즐겁게 다니기 힘들다. 우리는 모두 상사에게 인정과 칭찬을 받으면서 즐겁게 회사생활을 하고 싶다. 그러므로 어떤 이유로든 가까이 하기 힘든 상사가 나와 함께 있다면 슬기롭게 해결해야 한다. 회사를 그만두겠다고 생각하는 사람도 있겠지만, 이러한 불편한 문제를 개선할 줄 모르는 사람은 다른 곳에 가더라도 불편해지기 쉽다. 관계의 불편이 항상 상사만의 문제겠는가?

친구나 동료 간에는 불편함의 원인 제공자가 누구인지 분명히 말할 수 있다. 너무 불편한 친구라면 만나지 않을 수도 있고, 계속 만나기 원한다면 관계 개선을 위해 상호 간에 노력할 수도 있다. 필요하면 주변 사람의 도움을 받을 수도 있다. 하지만 상사와의 불편한 관계는, 미안하지만 어떤 경우에도 자기 몫이다. 스스로 해결하지 않으면 주변에서 도와주지 못하고, 설령 도와준다고 해도 역효과가 날 가능성이 많다.

먼저 말할 것은, 상사를 이기려고, 설득하려고, 가르치려고 하지 말라는 것이다. 불편한 관계에서는 나만 다칠 수 있다. 상대는 내가 어떤 주장을 펼쳐도 거기에 반박할 주장과 논리를 가지고 있다. 내가 아무리 옳아도 나를 평가하는 펜은 그가 가지고 있다. 특히 1차 상급자에게 잘하라. 1차 상급자와 불편한 사람이 2차 상급자와 잘 지내는 경우는 드물다. 설령 잘 지낸다 해도 나를 첫 번째로 평가하는 1차 상급자의 평가 결과를 완전히 뒤집어 줄 2차 상급자는 거의 없다. 그에겐 나 말고도 챙겨야 할 부하직원이 많기 때문이다.

그러면 정말 꼴도 보기 싫은 상사와 그대로 계속 지낼 것인가? 관계가 불편하면 둘 다 마음이 편하지 않겠지만, 대체로 상사는 부하직원이 잘못해서 그렇다고 생각하기 때문에 관계 해결을 위해 적극적으로 나서지 않는다. 여기 이러한 관계를 개선하는 5가지 비밀이 있다. 이 비밀을 잘 활용한다면, 당신은 정말 까다로운 상사를 당신의 편으로 만들 수 있을 것이다.

첫 번째 비밀, 즉각 반응

관계의 불편을 상사의 입장에서 생각해 보자. 상사를 불편하게 하는 첫 번째 원인은 자신을 무시하는 듯한 부하직원의 반응이다. 예를 들어 보자. A대리와 B대리가 동시에 입사하여 한 부서에서 근무하고 있다. 얼마 지나지 않아 B대리는 자신을 대하는 상사에게서 불편함을 느낀다. A대리와 별반 다를 게 없는데, 이상하게도 상사는 A대리보다 자신을 더 불편하게 대한다. 한번은 과장이 B대리를 불렀다. 그는 자신이 하던 일을 급하게 마무리하고 뛰어갔다. 그런데 과장은 "왜 이렇게 늦게 왔느냐?"고 힐책한다. 이번에는 과장이 A대리를 불렀다. 그러자 A대리는 "네" 하고 대답한 후, 자신이 마무리할 일을 정리하고 들어갔다. 과장은 A대리에게 "빨리 왔네." 하고 칭찬을 했다. 이것을 본 B대리는 도저히 이해하기가 어렵고 억울하기만 하다. 자기는 과장이 부른 후 30초 만에 급하게 뛰어갔는데도 늦게 왔다고 나무라고, A대리는 1분 30초 정도 지난 뒤에 갔는데도 빨리 왔다고 칭찬한다. B대리는 '즉각 반응'의 비밀을 몰랐던 것이다.

상사 입장에서 생각해보자. 앞에 보이는 부하직원을 불렀으니 분명히 들었다는 것을 안다. 그런데 B대리는 아무런 대답도 하지 않고 자기 할 일을 하다가 30초나 지나서 왔다. 그 동안 상사는 무슨 생각을 하겠는가? 이럴 때 30초는 너무나 긴 시간이며, 상사의 머리를 부정적인 생각으로 채우기에 충분하다. 따라서 상사가 부르면 일단 "네!" 하고 즉각 반응을 하라. 하던 일이 있으면 조금 후에 가겠다고 하면 된다. 그러면 상사도 기다려 줄 심리적인 여유가 생긴다.

두 번째 비밀, 맞서지 말라.

당신이 옳을 수도 있을 것이다. 그렇다고 상사에게 함부로 맞서는 것은 어리석은 일이다. 상사는 당신의 행동을 마음속에 오래 담아둔다. 발자크 그라시안은, 상사와 맞서려면 회사를 떠날 각오부터 하라고 조언해 준다.

"당신은 상사보다 더 인정받으려 해서는 안 된다. 그것은 승리처럼 보이나 어리석고 치명적인 종말을 앞당긴다. 윗사람의 시기를 받는 일은 인간에게만 있는 것이다. 그러나 현명한 부하는 역할에 맞게 연기하는 배우처럼 상사와 비교될 때 자신의 능력을 감출 줄 안다."

_ 발자크 그라시안, 『세상을 보는 지혜』

윗사람을 이기려 들지 말라. 모든 우월함은 미움을 부른다. 자신의 주인보다 높이 서려는 것은 어리석은 모습이다. 업무의 성과를 평가받을 때도 자신보다는 상사를 드러나게 해라. 칭찬을 받을 때도 직접 받기보다는 상사를 통해서 받도록 해라. 그러면 서로 윈-윈 하는 것이다. 상사를 우선적으로 생각하는 부하라면 어찌 아끼지 않겠는가?

세 번째 비밀, '무엇'보다 '어떻게'

"주고도 욕먹고 받고도 욕먹는다."는 말이 있다. 이것은 '무엇'

에만 너무 관심을 가지기 때문에 일어나는 일이다. 주는 것이 금덩어리라고 치자. 하지만 그것을 던져서 주었다면 어떻게 될까? 준 사람은 자신이 금덩어리를 주었다는 것만 생각하겠지만, 받은 사람은 무시당했다는 생각만 할 것이다. 따라서 상대방에게 무엇을 줄 때는 작은 말 한 마디와 더불어 그를 존중하는 모습을 보이는 것이 좋다. 이것은 주로 상사들에게 해당되는 내용이겠지만 그렇다고 부하직원도 예외가 되지는 않는다. 보고서 하나를 올리더라도 그 자세가 중요하다. 물론 "거기 놓고 가!" 하고 성의 없이 말하는 상사도 문제이긴 마찬가지다. 이 원리는 받을 때도 동일하다. 무성의하게 받는 것과 성의 있게 받는 것은 하늘과 땅 차이다. 다시 말하지만, '무엇을 주고받느냐'가 아니라 '어떻게 주고받느냐'이다.

네 번째 비밀, 상사의 마음과 꿈을 살펴라.

옛말에 "천석꾼은 천 가지 걱정, 만석꾼은 만 가지 걱정"이라는 말이 있다. "10년 전무가 하루 사장의 심정을 모른다."는 말도 있다. 그만큼 직위가 높을수록 고민도 많다는 얘기다. 부장도 외로울 때가 있고, 과장도 슬플 때가 있다. 상사도 자신의 상사에게 인정받고 싶고, 승진도 하고 싶을 것이다. 그런 과정에서 상사들은 또 외롭다. 이럴 때 현명한 부하직원은 상사의 마음을 읽는다. 업무로 말한다면 모든 직원이 제 할 일을 열심히 하기 때문에, 그것으로는 자신을 차별화시킬 수 없다. 그럴 땐 상사의 마음을 헤아리면서, 차 한 잔이라도 사달라고 말해보라. 상사는 그런 부하직원을 고맙다고 여기지, 당돌하다고 여기지 않는다. 그렇다고 아첨하라는 말은 아니다. 이런 일은 진심을 다해서 해야지, 조금이라도 가식이 느껴진다면 오히려 역효과가 날 것이다.

다섯 번째 비밀, 품성과 태도를 다듬어라.

사람은 누구나 업무나 대인관계에서 품성과 태도를 드러낸다. 상사든 고객이든 내 행동을 보는 사람은 그 안에서 내 품성과 태도를 본다. 행동이란 나의 품성과 태도가 반영된 행위일 뿐이다. 그러므로 단순히 행동을 바꾸려고 하지 말고, 품성과 태도를 다듬으려고 노력하라.

직장생활에서는 부서만 바뀌어도 그전에 같이 근무했던 인연이 그냥 아무것도 아닌 것으로 끝나는 경우가 대부분이다. 서글픈 일이지만 나도 그랬고, 모두 그렇게 지낸다. 이런 회사 문화 속에서 과거에 같이 근무했던 상사 혹은 나를 도와주었던 상사라면, 다른 부서로 옮겼거나 심지어 이미 퇴직했다 하더라도 관심을 갖는 게 좋다. 메시지로라도 안부 한번 물어보는 것이 당신의 품성을 다르게 만들어줄 것이다. 회사뿐 아니라 어디에서든 세심하게 관계를 살피는 것, 그것이 바로 당신을 돋보이게 해줄 것이다.

직장 생활이 힘든 가장 큰 이유는 사람과의 관계 때문이다. 그 중에서도 가장 많이 함께하고 영향력이 큰 직속상사와 불편한 마음으로 지낸다면 참으로 고통스러운 생활이 될 것이다. 우리는 불편한 관계를 반드시 풀어야 한다. 그렇지 않으면 하급자만 불편하다. 가장 좋은 것은 불편함이 시작된 그 자리에서 푸는 것이다. 상사는 절대로 먼저 풀어주지 않는다. 내가 먼저 풀려고 노력해야 한다. 억울해도 어쩔 수 없다. 불이익은 대부분 부하직원이 받기 때문이다. 쉽게 안 풀어진다고 조급해 하지도 말라. 진실한 마음과 꾸준한 노력으로 상사가 다르게 볼 때까지 지속해야 한다. 이것이 힘들다고 직장을 옮기는 건 그렇게 좋은 선택이 아니다. 여기서 해결하지 못한 일이 다른 곳에는 없겠는가? 지금 같이 있는 상사와 잘 지내는 것이 최선이다. 그래야 직장 생활도 즐겁고 내 꿈도 이루어질 수 있다. 어떻게든 관계를 회복하라. 나로 인해 상사를 빛나게 하는 부하직원이 되어라. 그래야 내가 산다.

딱,
간절한 만큼만
이룰 수 있다

한 직장에서 오랫동안 전문가로 살아남는 비법

　　최근 직장 생활과 관련된 자기계발 서적들이 쏟아져
나오고 있다. 그 중에는 봉급생활자의 입장을 그만두고 스스로
1인 기업가가 되라고 하는 책들이 꽤 많다. 대부분은 시간적, 경
제적으로 여유롭게 생활할 수 있으며, 많은 돈을 벌 수 있다고
말한다. 자유롭게 생활하면서 봉급생활자가 상상할 수 없는 돈
을 벌 수 있다니, 누구라고 그 유혹에 넘어가지 않겠는가? 하지
만 이와는 반대로 한 직장에서 오랫동안 근무하면서 미래의 꿈
과 청사진을 만들어 가는 사람들도 많다. 그들은 다니는 회사에
서 어떻게든 오래 근속하고 싶어 하며, 전문가로 오래 일하면서
성과를 내고, 임원이든 뭐든 원하는 직위까지 가보고 싶은 사람

들이다. 그들은 회사에 깊은 애착을 갖고 있다.

그렇다면 어떻게 해야 한 직장에서 오랫동안 근속할 수 있을까? 그것도 전문가로 일하면서 오랫동안 인정받을 수 있을까? 여기서는 바로 그 비법을 제시해 보았다.

첫째, 명확한 목표 인식과 전문성

세계적으로 성공했던 사람들을 연구한 나폴레온 힐은 이렇게 말했다.

"성공한 사람과 실패한 사람을 지난 16년간 16,000명의 분석을 통해 도출된 사실 가운데 가장 놀라운 것은 실패자로 분류된 95%의 사람들은 '인생의 명확한 중점 목표'가 없었기 때문에 이런 분류에 속하게 되었다는 것이다. 이와 반대로 성공한 사람으로 분류된 5%는 목표가 명확했을 뿐 아니라 그들의 목적을 달성하기 위한 확실한 계획도 있었다는 점이다."

_ 『나폴레온 힐 성공의 법칙』

즉, 명확한 목표를 잠재의식 속에 확실히 각인시켜야 한다는 것이다. 자신이 CEO나 임원이라면 더욱더 중요하다. 목표를 가지고 있어야 회사 발전에 도움이 되는 일을 만들어 추진할 테니까 말이다. 이것은 일반 직원들에게도 별반 다를 게 없다. 목표를 가지고 생활하는 사람은 창의적이 된다. 그는 일을 만들 줄 알고, 어려움이 닥쳐도 해결할 줄 안다. 그리고 자신이 성과를 낸 일에 대해서도 자신보다는 회사나 상사를 빛나게 해 준다.

그는 무엇보다도 업무에 우선을 두고 끊임없이 성과를 만들어 내려 한다. 한 걸음 더 나아가, 나의 상사가 자신의 상사에게 보고할만한 일을 만들어 내보라. 나의 2차 상사가 자신의 2차 상사에게 보고하고 싶은 일이 아니라면 그것은 죽은 일이라고 생각하라. 그래야 당신이 회사에서 꼭 필요한 중요한 업무로 깊이 들어갈 수 있다.

"어휴, 내 자리는 그런 일을 할 수 있는 자리가 아니에요."

그런 소리 하지 말라! 그런 자리란 없다. 당신의 생각이 당신의 일에 대한 범위를 한정시키는 것이다. 그런 말은 도약을 위한 배움의 노력을 포기하겠다는 말일 뿐이다. 자신의 능력이 안 된다고 스스로를 비하하는 말일 뿐이다. 정말로 장기근속을 하고 싶다면, 자신의 업무는 기본으로 하고 끊임없이 회사의 중요 업무, 핵심 업무가 무엇인지를 알려고 노력해야 한다. 그리고 그 분야에 도움이 되도록 자기계발을 해야 한다. 남들과 똑같이 생활한다면 회사에서 당신을 그들보다 오래 있게 할 이유가 없지 않겠는가?

따라서 개인적으로 학습하든 전문가를 통해서 배우든, 배움에 대한 열정과 전문성을 가져야 한다. 전문성은 미리 준비해야 하는 것이다. 특정한 시기에 갑자기 전문성이 향상되는 것이 아니다. 그리고 자신이 전문성을 가지고 있다는 것을 드러내야 한다. 드러내지 않으면 아무도 알 수 없다. 끊임없이 일을 만들어 당신의 전문성을 드러내 보라. 회사에 아이디어를 제시해도 좋고, 직접 추진해도 좋다. 자신의 배움이 회사의 발전과 병행하게 하라. 그러면 회사는 당신을 관련 분야의 적임자로 인식할 것이다.

둘째, 자신의 이미지를 긍정적으로 만들어라.

자신의 이미지가 회사에서 어떠한지 생각해 본 적 있는가? 그 이미지가 자신이 원하는 삶의 방향과 어느 정도 유사하게 나타나고 있는가? 그렇다면 다행이다. 나의 경우, 과거 회사생활에 이미지가 대략 세 가지로 나타났었다. "참으로 열정적이다. 업무에 대해서는 빈틈없이 꼼꼼하다. 같이 일하면 많이 힘들지만 배우는 것은 많다." 그렇다고 어떤 의도를 가지고 억지로 만들 수는 없다. 그렇게 하면 오히려 역효과가 날 것이기 때문이다.

중견관리자 정도의 위치라면 어떤 이미지로 그려지는 것이 도움이 될까? 성실함, 과감한 추진력, 긍정적인 자세, 업무추진의 정확성, 노련함, 업무에 대한 전문성 정도면 좋을 것이다. 여기에 자기만의 특색을 더한다면 금상첨화가 된다. 하지만 그것이 부정적인 이미지라면 주의해야 한다. 사람보다는 사람의 이미지가 먼저 떠오르기 때문에 우리는 항상 자신의 이미지에 관심을 가져야 한다.

때로는 자신의 생각과 상사의 결정이 다를 경우가 있다. 이때 상사에게 함부로 맞서지 말라. 그러면 자신의 이미지에 커다란 손상을 입게 될 것이다. 이 경우엔 매우 신중하게 처신을 해야 한다. 자기의 의견을 한두 번 다시 제시할 수는 있다. 이미 결정된 일이라도 제시할 수 있다. 다만 감정이 개입되어서는 안 된다. 논리적이고 차분하게 제시해야 한다. 더 중요한 게 있다. 이미 논의되어 결정된 사안이라면 어차피 당신의 의견은 받아들여지지 않을 가능성이 많다. 그러면 깨끗이 승복하라. 그리고 그 일이 성사되는 방향으로 전력을 다해라. 앞서 인천상륙작전의 예와 같이, 반대하던 사람들도 합동참모본부의 승인이 떨어지자, 어떻게든 작전을 성공시키려고 모든 노력을 기울였다. 일을 추진하는 과정에서 더 좋은 방법이 있다면 방법론의 변경을 제안하는 것도 현명한 방법이다.

어떤 경우에도 회사나 상사를 향하여 불평불만을 하지 말라. 누구라도 자신이 원하는 일이 성사되지 않으면 마음이 힘들기 마련이다. 그래도 불평하거나 욕하지는 말라. 설령 승진이 안 되었다고 해도 회사나 상사에 대해 욕하지 말라. 행여 술자리에서라도 하지 말라. 그보다는 자기성찰을 하며 다음을 준비하는 것이 더 현명하다. 불편한 말은 반드시 그 말의 대상에게 전달된다. 마음속에 분노를 가득 안고 있는 사람은 그 누구에게도 도움을 받을 수 없다. 결국 본인에게 좋지 못한 영향만 끼칠 뿐이다.

셋째, 철저한 자기관리

회사생활을 오래 하기 원한다면 무엇보다 자기관리를 잘 해야 한다. 이것은 회사생활뿐 아니라 모든 사회적 관계에서도 매우 중요하다. 아무리 우수하고 능력이 뛰어난 인재라 해도 자기관리를 못해 반복적인 실수를 한다면, 회사로서는 그 사람을 중용하기가 힘들다.

자기관리에는 시간관리나 생활관리, 재정관리와 감정관리까지 다양한 것들이 있지만, 무엇보다 중요한 것은 건강관리이다. 회사에서 오래 일하려면 건강한 체력과 스트레스 관리가 되어야 한다. 건강하지 못하면 아무것도 이룰 수 없다. 중요한 업무로 출장을 보내고 싶어도 10시간의 비행도 못 할 정도로 체력이 약하면 불안해서 보낼 수가 없다. 체력은 업무를 수행하는 강력한 능력이다. 강요한다고 해서 향상되는 것도 아니다. 자신이 생존을 위해 스스로 관리해야 하는 것이다. 매일 하든, 일주일에 서너

번만 하든, 가급적이면 땀을 철철 흘릴 정도로 운동을 해라. 체력관리를 해라. 땀을 흘리는 것은 스트레스 관리에도 도움이 된다. 땀과 함께 피로와 스트레스도 빠져나와, 개운하게 업무에 매진할 수 있게 된다.

넷째, 애사심을 가져라.

자신보다는 회사를 우선하겠다는 마음을 가져라. 언제든지 떠나겠다는 마음을 가진 직원을 중용하는 회사는 없다.

회사나 동료가 어려울 때는 자기 일처럼 나서서 도와주는 사람이 되어야 한다. "빨리 가려면 혼자 가고, 멀리가려면 함께 가라."는 말이 있다. 물론 모든 동료는 친구이면서 동시에 경쟁자이지만, 어느 조직에서나 동료를 경쟁자로만 인식한다면 그 조직은 매우 삭막할 것이다. 먼저 승진하는 동료가 있다면 진심으로 축하해줄 줄 아는 성숙함을 가져야 한다. 다음 승진은 그 동료보다 내가 더 빠를 수도 있다.

다른 사람을 도울 때는 진실한 마음으로 해야 한다. 항상 동료와 상사에게 봉사하고 희생하는 마음을 가져라. 자신의 일에 최선을 다하면서도 회사와 동료를 위해 희생과 봉사를 할 줄 안다면 그는 진정 보석 같은 직원일 것이다. 회사에서 오래 생활하기 위해서는 동료와 함께 오래 있을 수 있어야 한다. 개인적인 관계나 사적인 조직에서도 마찬가진데, 수많은 사람들이 일하는 회사는 어떻겠는가? 모두가 힘들어하는 회사생활에서 다른 사람을 위해 봉사하는 사람이 있다면, 그리고 그런 사람이 바로 당신이라면, 사람들은 모두 당신과 함께 있고 싶어 할 것이다.

한 가지 덧붙인다면, 자신이 하는 일에 미쳐야 한다. 미친다는 것은 자신이 할 수 있는 모든 열정을 다하는 것으로, 그 사람의 삶에서 매우 중요하게 인식되는 요소이다. 미칠 줄 아는 사람이 원하는 꿈도 이룰 수 있다.

회사가 보석같이 생각하는 직원은 어떤 사람일까? 능력을 갖추고 자신을 희생하면서도 회사에 충성하는 사람일 것이다. 자기보다는 회사를 우선으로 생각하며, 동료들을 사랑하는 사람일 것이다. 물론 이렇게 한다고 모두가 원하는 꿈을 이루는 것은 아니지만, 최소한 꿈에 가까이 갈 수는 있다.

회사에서 오랫동안 전문가로 일하고 싶은가? 그러면 조급해하지 말고 동료들과 함께 가라. 하고 있는 일들 중 중요한 것들이 많겠지만, 그 중 회사생활의 중요도를 좀 더 높여라. 회사를 위해 헌신하고 충성하기보다 자기만을 위하고 자신을 우선으로 생각하는 사람에게 오래 기회를 줄 회사는 없다.

회사가 오랫동안 함께하고 싶은 보석 같은 직원이 바로 당신이길 바란다.

Part 6

THE GREATEST MESSENGER

한 번 보고, 두 번 봐도,
자꾸만 보고 싶은 관계의 고수

_이명진

이명진

'다만사'. 사람들이 저자를 부르는 수식어다. 다시 만나고 싶은 사람이란 뜻이다. 다시 먹고 싶은 음식이 가장 맛있는 음식인 것처럼 저자 또한 그렇게 보고 또 봐도 다시 만나고 싶은 사람이라 불린다. 사실 저자는 인생에서 인간관계가 가장 고민이라고 여길 만큼 사람과의 관계를 어려워했다. 점점 일과 인간관계의 한계를 느끼게 되면서, 달라지기로 결심한 그가 택한 것은 바로 '독서'였다. 책을 본격적으로, 꾸준히 읽기 시작했다. 그가 책을 읽으며 깨달은 것이 하나 있었다. 바로 '할 수 있다'는 긍정적 메시지였다. 어떤 책이든 궁극적으로 책이 전달하고자 하는 메시지는 '당신도 할 수 있다'였다. 이 메시지를 통해 대인관계에도 변화가 생기기 시작했다. 소극적이었던 대인관계가 적극적으로 바뀌었다. '조금만 노력해도 좋아진다'는 생각 하나로 사람들에게 다가갔다. 이 생각은 대인관계에 적중했다. 사람들은 좋은 에너지를 가진 저자와 함께하고 싶어 했다. 그는 조금만 노력해도 좋아질 관계가 많다고 한다. 혼자 행복하기보다는 같이 행복해지는 사람들이 많아지길 바라고 있다.

할 수 있다는 생각은 일에도 영향을 주었다. 사회생활을 시작하기 전부터 사람들에게 좋은 에너지를 주는 메신저가 되길 원했지만 막연함과 경제적인 현실에 떠밀려 안정적인 직업군인을 선택했다. 그러면서도 그는 마음속에 있는 꿈을 절대 놓지 않았다. 매일 책을 읽으며 마음에 불을 꺼트리지 않기 위해 노력하며 바쁜 일 속에서도 손에서 책을 놓지 않고, 하루에 단 몇 줄이라도 자신의 생각을 기록하고 기록했다. 그 꾸준함은 당당히 직장을 박차고 나오는 밑거름이 되었고, 『가장 위대한 메신저』의 저자가 되었다. 지금이라도 퇴사하고 자기 일을 하려고 하는 사람에게 그는 이렇게 말한다.

"지금 당장 조금씩이라도 준비하라. 준비하는 순간, 불안감이 사라진다."

---

* E-MAIL : dabo201@naver.com

* BLOG : soundwave201.tistory.com

* HOMEPAGE: https://cafe.naver.com/shareyourstory

단 한 명이라도
진실한
내 편이 있다면
누구든 내 편으로 만드는 인간관계의 기술

10명쯤 되는 사람들이 고개를 숙이고 있다. 그러다 고개를 든다. 이 중에 마피아와 시민이 있다. 마피아는 자기편이 누군지 알고 있다. 그러나 시민은 누가 시민이고 누가 마피아인지 모른다. 시민이 수적으로 훨씬 많지만 마피아가 더 유리하다. 마피아는 시민들을 혼란스럽게 해서 서로를 의심하게 만든다. 시민들은 가장 의심되는 사람을 지목해서 게임에서 탈락시킨다. 그러면서 시민이 점점 줄어들고 마피아만 살아남는다. '마피아'라는 게임이다.

게임의 규칙에 따라, 10명 중에 2명이 마피아고, 나머진 시민이다. 마피아 2명만 잡으면 그대로 시민이 승리한다. 시민은 마피아보다 4배가 많은데 왜 마피아에게 속을까? 사람이 많으면 그만큼 유리한데 말이다. 마피아는 자신을 제외하고 믿을 사람이 1명밖에 없다. 머릿수로 보면 불리한 게 사실이다. 그러나 이 2명이 게임을 지배한다. 승패를 떠나서 엄청난 영향력을 발휘한다. 마피아라는 게임은 신뢰의 중요성을 보여준다. 시민은 숫자가 많지만 자기편이 누구인지 모른다. 사람이 아무리 많아도 내 편이 하나도 없다는 것은 불안한 일이다. 그러나 마피아처럼 나를 알아주는 사람이 한 명이라도 있다면 달라진다. 내 편을 알기에 마음이 놓인다. 그래서 게임을 지배한다. 만약 마피아가 1명 더 있다면 어떨까? 2명이 아니고 3명이 마피아라면 게임은 어떻게 될까? 거의 모든 게임을 마피아가 이길 것이다.

나를 알아주는 사람이 있다면, 그의 존재만으로도 힘이 되는 법이다. 이것은 어느 집단에서나 마찬가지겠지만, 직장만큼 '내 편'이 중요한 곳도 없을 것이다. 하지만 상하관계가 뚜렷한 직장생활에서는 관계를 맺는다는 것이 참 어렵다. '다가가도 되나? 괜히 실례하는 건 아닐까?' 하며 고민을 하게 된다. 어떤 사람들은 굳이 친해지고 싶지 않다고 말한다. 이런 말을 들으면 꽤 안타깝다. '한 명이라도 친해지면 행복할 텐데 …….'라는 생각이 든다.

직장이란 대부분의 사람들이 가장 많은 시간을 보내는 곳이다. 잠자는 시간을 뺀 나머지 시간들 중에서 절반 이상을 보내는 곳이 바로 직장이다. 사업을 하는 사람들도 마찬가지다. 인생의 절반을 직장에서 보낸다는 말이다. 이 시간이 어렵고 힘들다면 얼마나 고달플까? 반면 그 시간을 친한 사람들과 웃으며 보낸다면 참으로 행복할 것이다. 이것이 바로 우리가 좋은 관계를 위해 노력해야 하는 이유다.

마피아 같은 사람을 만들려면 어떻게 해야 할까? 안타깝게도, 현실은 게임처럼 내 편을 정해주지 않는다. 내가 노력해야 한다. 이때 사람들이 가장 힘들어하는 것이 바로 싫어하는 대상을 내 편으로 만드는 것이다. 사실 내가 좋아하는 사람은 문제가 되지 않는다. 내가 좋아하면 굳이 노력하지 않아도 상대에게 잘 해주게 된다. 싫어하는 상대는 아무리 노력해도 잘 해주기 힘들다. 대처를 잘 하고 처세술을 잘 써도 상대방은 금방 눈치를 챘다. 진심을 알 수 있는 방법은 많다. 표정이나 말투, 태도를 보면 어린아이라도 알 수 있다.

나 역시 싫은 사람에게 다가가려는 노력을 해봤다. 예전에는 사람이 싫다는 게 뭔지 몰랐는데, 사회생활을 하다 보니 조금씩 알게 됐다. 어떤 사람은 정말 볼 때마다 불편했다. 하지만 나는 그 사람과 편해지기 위해 노력했다. 같이 어울리기도 했고, 그 사람의 장점을 칭찬해 보기도 했다. 그래도 친해질 수 없었다. 역시 모두와 친해질 수는 없다. 그래서 나는 이런 사람에겐 노력하지 말라고 한다. 어떻게든 그들을 내 편으로 만들어야 한다고 하지 않는다. 다만 내가 말하고 싶은 대상은 '어색한 관계'에 있는 사람들이다.

어색한 관계란 서로를 잘 몰라서 친하지도 불편하지도 않은 관계이다. 이런 사람들은 노력하면 충분히 좋아질 수 있다. 10명을 마피아로 만들 순 없지만 1~2명은 늘릴 수 있다. 이 한 명이 나에겐 큰 힘이 된다. 나를 건강하게 하고 행복하게 한다.

그러려면 그들에게 우선 호감을 가져야 한다. 사람에겐 장점이 있기 마련인데, 그 장점은 호감을 가져야 보이기 시작한다. 싫어하는 사람에게 장점을 찾지 못하는 것은 그에게 호감이 없기 때문이다. 하지만 좋아하는 사람은 장점을 쉽게 찾는다. 어색한 사람은 조금 노력을 하면 된다. 장점은 누구나 가지고 있다. 책한 권을 보면 작은 것 하나라도 배울 점이 있기 마련이다. 사람도 마찬가지다. 나보다 나이가 적어도 배울 점이 있다. 나보다 못나 보여도 배울 점이 있다.

'저 사람은 이기적이지만 일은 정말 잘해.'

'이 사람은 일은 잘 못하지만 같이 있으면 기분이 좋아져.'

장점이 보이지 않으면 단점을 뒤집어 보라. 그러면 장점이 되기도 한다.

'일은 느리지만 대신 꼼꼼하군.'

아무리 생각해도 상대방의 장점이 보이지 않는가? 그렇다면 나에게 문제가 있을 수도 있다. 내가 부정적인 상태면 상대의 장점이 보이지 않는다.

대부분의 아이들은 4살 정도가 되면 말을 곧잘 한다. 하지만 한 아이는 그때까지도 말을 못했다. 7살이 돼도 간단한 심부름 하나 못했다. 성장도 늦고 지능이 떨어졌다. 아이는 학교에 들어 갔으나, 수학을 제외한 모든 과목에서 낙제를 받았다. 수업시간 에는 이상한 질문을 하고, 다른 아이들을 방해해서 모두에게 미움을 받았다. 아이는 틀에 갇힌 학습법을 싫어했고, 선생님은 아이를 포기했다. 아이의 성적표에는 '앞으로 어떤 일을 해도 성공하기 어려움'이라고 적혀있었다. 그러나 아이의 어머니만은 예외였다.

"너는 남과 아주 다른 특별한 능력을 가지고 있단다."

아이는 자라서 세계적인 천재가 된다. 앨버트 아인슈타인의 이야기다.

이 이야기는 칭찬에 대한 좋은 예가 된다. 칭찬은 살아가는

데에도 큰 힘이 된다. 모두가 아인슈타인을 비난했지만, 어머니만은 칭찬했다. 만약 어머니마저 구박을 했다면, 아인슈타인은 평생 저능아로 살아갔을지도 모른다. 한 사람이 믿어준다는 것은 이렇게 위대한 결과를 낳는 것이다. 인간관계가 바로 그렇다. 나를 지지해주는 사람이 한 명이라도 있다면 마음이 편안해진다.

칭찬에 대한 또 다른 예가 있다. 나와 함께 군 생활을 했던 A주무관 이야기다. A주무관은 일을 매우 잘했다. 차를 다루는 일에 능숙했고, 일에 대한 자부심도 있었다. 그러나 그는 나와 가까운 사이가 아니었다. 차를 다루는 데 기본기가 부족했던 나는 A주무관의 눈 밖에 난 사람이었다. 기본기도 배우고 노력도 하고 있었지만, 아무래도 그가 보기엔 부족했나 보다. 하루는 그가 지나가는 말로, "이 중사는 좀 맞아야 돼."라고 했다. 그 자리에서는 웃으며 넘어갔지만, 기분이 나빴다. 그래도 일에 대한 자부심이 강해서 그런가보다 하고 애써 넘어갔다.

어느 날, 차를 타고 가다가 둘이 대화할 기회가 생겼다. 나는 문득 그에게 묻고 싶은 게 생겼다.

"돈이 많으면 무슨 일을 하고 싶어요?"

"돈이 생겨도 난 이 일을 계속할 겁니다."

의외였다. 지금은 열심히 일을 하지만, 그에게는 뭔가 다른 꿈이 있을 것 같았다.

"계속 이 일을요? 만날 차 기름 냄새 맡는 게 뭐가 좋다고?"

"사람은 말입니다, 돈이 많아도 계속 일할 거리가 있어야 합니다. 그리고 나는 차가 정말 좋아요."

'아, 이 사람은 차 다루는 게 정말 좋아서 여기에 온 거구나.'

나는 순간 A주무관이 달라보였다. 무언가를 배우려면 이런 사람에게 배워야 한다. 그의 장점은 차를 잘 다루는 것이기도 하지만, 무엇보다 일을 좋아하는 것이다.

한번은 공개적인 자리에서 A주무관을 칭찬했다. 그와 나눈 이 대화를 회식 자리에서 얘기했다. 사람들은 그를 쳐다봤고, 그는 어쩔 줄 몰라했다. 그 뒤로 그는 나에게 친절하게 대했고, 짓궂은 말은 절대 하지 않았다. 그뿐 아니다. 내가 어려움에 빠지면 제일 먼저 달려와 주었다. 나는 무엇을 얻기 위해 칭찬을 한 게 아니다. 그가 내 편이 되든 말든 상관이 없었다. 그냥 그가 멋져 보였고, 표현하고 싶었을 뿐이다. 나는 이렇게 마피아 한 명을 만들었다.

칭찬할 땐 대가를 바라지 않고 해야 한다. 진심으로 칭찬할수록 상대방은 자연스럽게 다가오게 돼있다.

한 사람이라도 더 친해진다면 우리는 즐겁게 일할 수 있다.

일이 힘들어도 버틸 수 있게 된다. 우리가 살아가는 궁극적인 목적은 행복해지기 위해서다. 행복해지려면 여러 요소가 필요하다. 그 중에서 가장 중요한 요소는 '관계'다. 회사 동료는 서로의 이익을 위해 만난 사람이지만 나와 가장 가까운 관계를 맺고 있다. 시간도 가장 많이 함께 보낸다. 이것이 바로 그들과 좋은 관계를 맺어야 하는 이유다. 웃으며 대화할 수 있는 사람이 한 명이라도 더 있다면 행복한 일이다. 관계는 내가 좋아지려고 맺는 것이다.

바람이 부니까 지푸라기가 날아갔다. 두 번째 바람이 부니까 이번엔 나무토막이 날아갔다. 하지만 세 번째 불었을 때는 날아가지 않았다. 벽돌이었기 때문이다. 바람을 일으킨 건 늑대다. 우리에게 익숙한 동화 『아기돼지 삼형제』의 이야기다.

이야기는 엄마돼지가 아기돼지들을 독립시키면서 시작된다.

"너희들은 다 컸으니 이제 독립해서 살아가렴."

아기돼지들은 나와서 각자 집을 지어서 살기로 했다. 첫째는 지푸라기를 엮어서 집을 만든다. 가볍고 구하기가 쉬워서 제일 빨리 집을 완성시켰다. 둘째는 나무를 구해다가 집을 지었다. 지푸라기보다 무거워서 그런지 저녁때가 돼서야 만들어졌다. 하지

200

만 막내 돼지는 끝나지 않았다. 두 형은 막내를 비웃었지만 막내는 아랑곳하지 않았다. 벽돌로 집을 짓기 전에 땅부터 팠다. 기초를 다지고 벽돌로 하나하나 쌓아 올렸다. 벽돌 사이사이에 시멘트를 바르는 것도 잊지 않았다. 일주일이나 걸려 집이 완성됐고, 이렇게 삼형제는 각자의 집에서 살기 시작했다. 그러던 어느 날 늑대가 찾아왔고, 두 형의 집은 금방 무너졌다.

이 동화는 뭐든지 준비를 잘 해야 한다는 교훈을 준다. 당신이 만약 퇴사를 원한다면 반드시 이 동화를 기억해야 한다. 아기 돼지처럼 부모님의 손을 떠나는 것에도 준비가 필요한데, 회사를 나가서 나만의 일을 하려면 얼마나 많은 준비를 해야 하겠는가? 회사라는 울타리가 있다면 지푸라기나 나무로 지어도 충분할 수 있다. 그러나 울타리를 떠나 나 혼자 살아가려면 막내처럼 튼튼한 벽돌집을 지어야 한다. 늑대가 들이닥치는 것 같은 위기를 버티려면 반드시 그래야 한다.

벽돌집을 짓기 위해선 어떤 것들이 필요할까? 벽돌은 기본이고, 우선 땅을 팔 삽이 필요하다. 벽돌 사이를 메워 줄 시멘트도 필요하다. 그렇다면 회사에서 나오기 위해선 어떤 것들이 필요할까?

흑백으로 된 영상에서 사람들이 머리를 맞대고 있다. 모두 흰옷을 입은 채로 부채질을 하고 있다. 두 번째 장면은 보다 넓어진 사무실에서 누군가가 발표를 한다. 사람들은 손에 뭔가 자료를 들고 있다. 화면이 바뀔수록 옷이 좋아지고 사무실도 커진다. 사람들은 계속 연구하고 또 회의를 한다. 그리고 이런 멘트가 나온다. "성공의 반대말은 실패가 아닌 포기라는 것" "끈기를 이길 수 있는 재능은 없다는 것" "꾸준함이 쌓이면 넘을 수 없는 실력이 된다는 것" "60년의 시간이 알려주었습니다. 계속 하는 것이 힘이다."

KCC의 기업 광고다. 30초짜리의 짧은 영상이지만 힘이 있다. 그들이 성장할 수 있었던 동력은 끈기라고 소개하고 있다.

좋은 몸을 만드는 방법은 딱 한 가지, 계속 운동하는 것이다. 전문가가 되기 위한 방법도 한 가지다. 계속 하는 것이다. 마찬가지로 퇴사를 하려면 꾸준히 준비해야 한다. 막내 돼지는 준비 없이 나오지 않았다. 형들보다 철저히 준비하고 나왔다. 벽돌집을 짓기 위해 공부하고 노력했을 것이다.

나도 그랬다. 나는 강연을 하고 싶었고, 그러기 위해 책을 쓰기로 했다. 그래서 군대에서 나오기로 결심하고 곧바로 글을 썼다. 1년 반 동안 꾸준히 썼다. 책 한 권은 A4용지 100장 정도가 된다. 처음에 40장정도 쓰고는 마음에 들지 않아서 갈아엎었다.

그런데 곧 80장이 되더니 100장이 되었다. 꾸준히 하지 않으면 절대 나올 수 없는 분량이다.

그렇다고 꾸준히 글을 쓸 수 있었던 특별한 비결이 있는 건 아니었다. 다만 글만 쓰면 미래에 대한 불안감이 사라졌다. 나는 미래에 대한 걱정이 많은 사람이었지만, 글만 쓰면 힘이 났다. 앞으로 어떻게 살아가야 할지 고민도 많이 했고, 강연을 준비하면서도 막막하기만 했지만, 책을 쓰겠다는 확고한 목표를 가지니 힘이 났다.

문제는 시간이었다. 당시 나의 주 업무는 운전이었다. 큰 트레일러를 운전해서 신경이 많이 쓰였다. 장거리를 다녀온 날에는 제정신이 아니었다. 아침에 일찍 출근할 때도 많았고, 주말에 출근할 때도 있었다. 토요일과 일요일을 모두 출근하고 월요일에 또 출근을 하면, 사람의 모습이 아니었다. 가장 큰 문제는 내가 잠이 많다는 것이었다. 잠을 제대로 못 자면 일도 제대로 못 했다. 이런 상황에서 책을 쓰기 위해 컴퓨터 앞에 앉으면 죽을 맛이었다. 하지만 피곤하다고 미루면 끝이 없었다. 어차피 제대로 쓸 수 있는 날은 없었다. 그래서 나는 딱 4줄만 쓰기로 했다. 정말 힘든 날은 4줄만 쓰고 곧바로 누워버렸다. 글쓰기가 습관이 되자, 4줄을 훌쩍 넘기는 날이 많아졌다. 비록 4줄밖에 안 되지만, 어느새 내 마음에선 미래에 대한 두려움이 사라졌다. 적어도 쓰는 순간만큼은 까맣게 잊었다. 마음이 너무나 편안했다.

한 개그맨이 자신이 성공한 이유를 말했다. 다른 개그맨과의 차이점은 하나였다. 노력이었다. 물론 대부분의 개그맨이 노력한다. 그러나 보이지 않는 곳에서 노력하는 사람은 많지 않다. 대부분은 다른 이들이 보거나 동료가 있을 때 열심히 노력한다. 그 노력을 사람들이 알아주기도 한다. 하지만 알아주지 않는 노력을 해내긴 쉽지 않다. 별다른 결과도 없고 보상도 없다면 굳이 왜 노력을 하겠는가? 그럼에도 불구하고 그는 아무도 알아주지 않는 그 노력을 했다. 바로 양세형이다. 마지막으로 양세형은 이렇게 말한다.

"내가 한 노력은, 아무도 모르지만 내가 알죠."

나의 책 쓰기도 마찬가지였다. 형식도 없는 일기 같았지만, 내가 쓰고 싶은 말들을 꾸준히 써 내려갔다. 누가 알아주지도 않았다. 블로그에 올려봤지만 방문자 수도 적었고 댓글은 1년이 넘도록 받아본 적이 없다. 한번은 출판사에 투고를 해봤는데 거절당했다. 하지만 그래도 계속 써 내려갔다. 포기하지 않았다.

꾸준히 노력하다 보니 한 단계 발전할 수 있는 기회가 찾아왔다. 제대로 된 책 쓰기 코칭을 받게 된 것이다. 멘토를 만났다.

부족한 부분을 보완 받게 되었다. 한번은 지금까지 썼던 글들을 멘토에게 보여드렸다.

"이건 마치 고급 한우와 같습니다."

내 글이 처음으로 칭찬받았다. 지난 1년간의 노력을 드디어 인정받았다. 그의 칭찬은 앞으로 글을 쓰는 데 있어서 중요한 밑거름이 됐다.

하지만 가장 좋은 거름은 역시 글 쓰는 습관이다. 글쓰기도 근육과 같아, 자꾸 써야 발전한다. 이 습관을 갖다보니 멘토도 만났고, 도약도 하게 되었다. 꾸준한 습관은 홀로 서기 위해 필수적이다. 작가가 되고 싶다면 단 몇 줄이라도 꾸준히 써라. 노래를 하고 싶다면 한 곡이라도 좋으니 꾸준히 불러라. 꾸준히만 한다면, 언젠가 아기돼지의 튼튼한 집을 완성시킬 벽돌이 될 것이다.

마지막으로, 퇴사해서 내 꿈을 펼치고 싶다면 결과를 버려야 한다. 도전한다고 누구나 성공하는 것은 아니다. 내 뜻대로 되지 않을 수도 있다. 오히려 안정적인 직장에 있는 것이 나을지도 모른다. 그러면 왜 도전해야 할까? 왜 알 수 없는 길을 걸으려 할까? 그것은 바로, 내가 하는 일의 결과보다 중요한 것이 있기 때문이다. 그것은 바로 경험이다. 깨달음이다. 내가 좋아하는 일을 하면서 얻는 경험과 깨달음, 이것은 결과로 얻는 것이 아니다. 과정에서 얻는 것들이다. 결과를 얻으려면 시작하지 말아야 한다. 결과만 추구하는 사람은 과정에서 얻지도 못하고 꾸준히 할 수도 없다. 차라리 지금 다니는 직장을 꼭 붙잡아라. 하지만 과정을 통해 얻는 것을 소중히 여길 수 있다면 시작하라! 하고 싶은 일에 도전하라! 그러면 다른 사람들보다 좀 더 진한 삶을 살 것이라고 확신한다.

회사를 떠나 홀로서기를 하는 건 두려운 일이다. 의지할 사람이 없다. 나 혼자 힘으로 살아가야 한다. 혼자 살아가기 위해선 결과보다 과정에 의미를 두어야 한다. 결과에 집착한다면 버틸 수가 없다. 퇴사했을 때의 두려움을 떨칠 수가 없다. 하지만 과정에서 가치와 의미를 느낀다면 진짜로 홀로 설 자세가 된 것이다. 단, 준비는 남들이 보지 않는 곳에서도 해야 한다. 아무도 알아주지 않아도 해야 한다. 사소한 준비라도 좋다. 조금씩이라도 좋다. 준비한다면 홀로 서는 힘이 생긴다.

아무리 읽어도
달라지는 것이 없다는
당신에게

책 속에 숨어있는 진리를 100% 흡수할 수 있는 독서법

두 사람 사이에는 공책이 있었다. 공책에는 무언가가 적혀있었다. 한 남자가 지우개를 건네며 이렇게 말했다.

"이 지우개로 지우면 나쁜 기억이 지워집니다."

지우개에는 '나쁜 기억 지우개'라고 적혀있었다. 받는 사람은 어리둥절한 표정을 지었다. 속으로 '이거 혹시 몰래카메라 아니야?' 하는 듯했다. 받는 사람이 망설이자 남자가 말했다.

"믿으세요!"

사람들은 이 말을 듣고 웃으면서 지워나가기 시작했다.

예능 프로그램 〈무한도전〉에서 유재석이 던진 말이다. '나쁜 기억을 지워드립니다 특집'이었다. 이 글귀가 적힌 천막 안에서

무한도전 멤버들이 기다리다가, 사람들이 들어오면 나쁜 기억에 대해 이야기하게 하고 공책에 적게 한다. 그리고는 이 지우개를 주며 지우게 한다. 지우는 사람들의 반응은 서로 다르다. 진지하게 지우는 사람이 있는가 하면, 웃으면서 당황하는 사람도 있다. 선뜻 지우지 못하는 사람에게 유재석이 한 마디를 던진다.

"믿으세요!"

친구가 학교를 졸업하고 나서 몇 년 만에 책을 읽었다. 『꿈꾸는 다락방』이란 책을 읽고는 흥분을 감추지 못했다.

"생생하게 꿈꾸면 이루어진다니! 이건 신세계야!"

친구는 며칠 동안 무엇인가를 상상하며 즐거워했다. 나는 속으로 환호했다. 5년 동안 함께하면서 나는 친구에게 바라는 점이 있었다. 좀 더 긍정적인 사람이 되고, 좀 더 도전적인 사람이 되는 것이었다. 친구가 자신을 과소평가하고 도전에 대해 두려워하는 것이 못내 아쉬웠다. 그래서 이번 기회를 통해 책도 더 읽고, 좀 더 멋지게 달라지길 원했다.

그러나 친구는 일주일도 안 돼서 제자리로 돌아왔다.

"다 소용 없어! 책으로 인생이 달라지긴, 무슨 ......"

사람들은 책을 가까이하지 않는다. 왜 그럴까? 아마도 내 친구와 이유가 같을 것이다. 책을 읽는다고 당장 인생이 달라지지 않기 때문이다. 책을 읽는다고 좋은 직장에 들어가지 못하며, 책을 읽는다고 당장 연봉이 오르지 않기 때문이다. 책은 그냥 '듣기 좋은 소리'만 한다. 읽어도 내 삶이 달라지지 않는다. 하지만 사람들은 안다. 단 하루 운동했다고 멋진 몸매가 되지 않는다는 사실을 말이다. 그러면서 책 한 권에는 엄청난 기대를 한다. 참 안타까운 일이다.

유재석은 왜 말도 안 되는 지우개를 믿으라고 했을까? 고작 '나쁜 기억 지우개'라고 쓰여 있는 평범한 지우개인데 말이다. 솔직히 말이 안 된다. 공책에 적힌 글을 지우개로 지운다고 기억이 지워지겠는가? 예능 프로그램이니까 그냥 재미를 주는 것 아닌가? 하지만 지우개를 믿으라는 순간만큼은 진지했다. 그의 표정은 진심이었다.

나의 인생도 말도 안 되는 지우개를 받아 든 그 사람들과 다를 게 없었다. 나는 친구보다 빠르게 신세계를 알았다. 고등학교 졸업을 앞두고 표지가 붉은 책 한 권을 읽었는데, 아직까지도 이 책만큼 신선한 충격을 준 책을 보지 못했다. 론다 번의 『시크릿』이다. 교과서나 숙제용 도서 외에는 책 한 권 읽어본 적이 없던 내가 '앞으로 어떻게 살아야 하지?'라는 해답을 얻기 위해 처음으로 찾아 읽은 책이다. 아무도 시키지 않았는데 혼자서 찾아 읽었다. 아니, 읽었다기보다는 누가 옆에서 읽어준 느낌이다. 엄청난 영감을 느끼면서 거침없이 읽어나갔다. 흡입력이 대단했다. 나는 책 읽는 속도가 느려서 한 권을 보려면 대략 일주일에서 열흘이 걸리는데, 그 책은 단 이틀 만에 다 읽었다. 그 기록은 아직까지도 깨지지 않았다.

다 읽고 나서 보니, 이 책의 핵심은 끌어당김의 법칙이었다. 좋은 것이든 나쁜 것이든 내가 끌어당기는 거였다. 그래서 나도 끌어당기는 연습을 해보기로 했다. 학교를 가기 위해 버스를 타러 갔다. 정류장을 가면서 상상을 했다. 내가 정류장에 도착하자마자 버스가 도착하는 상상을 했다. 더 나아가 편안하게 자리에 앉는 것까지 상상했다. 기분 탓인지 모르겠지만 바로 타는 경우가 많았다. 그래서 나는 조금씩 내가 원하는 것들을 상상하기 시작했다.

'아, 이렇게 내 인생이 달라지는구나!'

하지만 몇 년이 지나도 나는 크게 달라지지 않았다. 최대한 긍정적으로 생각하는 버릇이 생기긴 했지만, 어느새 상상하는 습관은 사라져 있었다.

'이게 뭐야? 달라질 줄 알았는데 ……. 역시 현실은 다르구나.'

그렇다고 시크릿의 영향이 모두 사라진 건 아니었다. 마음 한 편에는 원하는 것이 생겼다. 시크릿에 나온 사람들처럼 강연을 하고 싶어진 것이다. 그래서 나는 책을 읽기 시작했다. 신세계를 받았다가 빼앗긴 친구와는 다르게, 나에게 신세계는 계속 조금씩 작용하고 있었던 것이다. 나는 달라지고 싶었고, 그래서 책을 읽었다. 처음부터 많이 읽지는 못했지만 꾸준히 읽었다. 자기계발서나 심리학 책을 읽었고, 에세이와 경제학 책도 읽었다.

읽다보니 재미있는 점을 하나 발견했다. 그것은 책들의 메시지가 크게 다르지 않다는 것이다. 모든 메시지는 "성공을 해라. 긍정적으로 생각해라." 같이 하나로 묶여지고 있었다. 특히 자기계발서는 좋은 자극을 주었다. '할 수 있다'는 자신감을 불어넣어 주었다. 자신감을 갖다 보니, 성공한 사람들의 이야기가 머나먼 남의 이야기가 아니라고 생각됐다. 그것은 점점 나의 이야기로 다가왔다. 그럴수록 더 많은 책을 읽었다. 책은 나에게 자신감을 주었고, 자신감은 또 책을 읽게 했다. 그렇게 사이클이 돌고 돌았다.

그때부터 나의 말과 행동은 달라지기 시작했다. 일단 주변에서 하는 부정적인 말에 동의하지 않았다. 책을 읽어도 소용없다는 말에 대응했다. 변할 수 있다고 말해 주었다. 상대방을 설득하지 못해도 일단 대응했다. 성공하기 위한 행동도 실천했다. 읽기만 하고 끝나진 않았다. 무작정 책을 쓰기 시작했고, 더욱 긍정적으로 생각했다. 그러자 멋지게 달라진 책 속의 인물보다 나의 변화가 더 멋지게 느껴졌다.

"나 스무 살 적에 하루를 견디고 불안한 잠자리에 누울 때면
내일 뭐하지 내일 뭐하지 걱정을 했지.
말하는 대로 될 수 있다곤 믿지 않았지, 믿을 수 없었지.
마음먹은 대로 생각한 대로 할 수 있단 건
거짓말 같았지, 고개를 저었지.
그러던 어느 날 내 맘에 찾아온 작지만 놀라운 깨달음이
내일 뭘 할지 내일 뭘 할지 꿈꾸게 했지. 사실은 한 번도
미친 듯 그렇게 달려든 적이 없었다는 것을 생각해봤지.
일으켜 세웠지. 내 자신을 말하는 대로 말하는 대로
될 수 있단 걸 눈으로 본 순간 믿어보기로 했지.
마음먹은 대로 생각한 대로 할 수 있단 걸 알게 된 순간
고갤 끄덕였지.

멈추지 말고 쓰러지지 말고 앞만 보고 달려 너의 길을 가.
주변에서 하는 수많은 이야기. 그러나 정말 들어야 하는 건
내 마음속 작은 이야기. 지금 바로 내 마음속에서."

유재석과 이적이 부른 〈말하는 대로〉라는 노래의 가사다. 그도 20대에는 앞으로 어떻게 살아갈지 고민했다. 그리고 말하는 대로 된다는 사실을 믿지 않았다. 대부분의 사람들은 믿지 않는다. 고개를 젓는다. 그러던 어느 날 작지만 놀라운 깨달음을 얻는다. 말하는 대로 될 수 있다는 걸 눈으로 본 순간이다.

순간은 성공한 사람을 보는 순간이다. 직접 만날 수도 있고 방송을 통해 볼 수도 있다. 다른 사람이 말해줘서 알 수도 있다. 그렇지만 가장 쉽게 만날 수 있는 방법이 있다. 그것이 바로 책이다.

책은 믿음을 준다. 세상에 좋은 책이 얼마나 많은데 왜 읽고도 믿지 않는 것일까? 사람들은 생각한다. 책 한 권을 읽는 것보다는 성공한 사람과 대화 1분 하는 것이 더 강렬할 것이라고 말이다. 하지만 중요한 사실은 그 사람들이 책을 쓴다는 것이다. 성공한 사람들이 쓴 책을 찾기는 어렵지 않다. 그들은 왜 책을 쓸까? 더 유명해지기 위해서? 더 잘 살기 위해서? 아니다. 굳이 책을 쓰지 않아도 잘 사는 사람들은 많다. 정확히 말해서 쓸 필요가 없다. 그들이 책을 쓰는 이유는 나누고 싶어서이다. '내가 이렇게 했더니 성공했다'는 메시지를 사람들에게 나눠주고 싶기 때문이다. 책은 이러한 마음으로 꾹꾹 눌러 담은 결과물이다.

뒤돌아보니 나 역시 그렇다. 달라진 내 모습을 보고, 사람들에게 '할 수 있다'고 말하고 싶어서 책을 쓴다. 책을 읽으면 분명히 달라진다.

　책 속의 내용을 믿으면 변한다. 변하지 않는 이유는 믿음이 없기 때문이다. 믿음이 없으면 생각을 하지 않는다. 생각을 하지 않으면 행동을 할 수 없다. 행동하지 않으면 변할 수 없다. 그리고 계속 반복하지 않으면 변화도 일어나지 않는다. 책은 끊이지 않게 읽어야 한다. 계속 읽으면 무의식이 착각을 하기 시작한다. '정말 변하나? 조금은 변했나? 변할 수 있을지도 몰라. 변할 것 같아. 변할 수 있어! 변하고 있어!' 분명 그런 순간이 찾아온다. 나는 그렇게 달라졌다. 당신도 책을 믿고 계속 읽어나간다면 반드시 달라진다. 이 또한 진리다.

뒤돌아서도,
다시 만나고 싶은
사람이 되라

언제, 어디서든 사람이 따르게 하는 습관

식당에 들어가서 두리번거린다. 그리고 누구보다 빠르게 자리를 차지한다. 잠시 후 직장 상사가 들어온다. 들어오면서 자리에 앉기 전에 한마디 한다. "자리 좀 섞어서 앉지 그래!" 하지만 아무리 말해도 소용없다. 단체로 말을 안 듣는다. 가만보면 늘 끼리끼리 앉아있다. 이 자리는 거의 바뀌지 않는다. 사장님은 다 같이 친해졌으면 하지만, 불가능에 가깝다.

회식 자리에 가는 것도 내키지 않는데 밥 먹다 체하는 것은 더더욱 내키지 않는다. 그래서 항상 같이 앉는 사람 근처에 앉게된다. 물론 다른 사람들이 싫지는 않다. 대화를 나눠보고 싶은 사람도 많다. 하지만 내 마음은 이게 아닌데 몸은 항상 같은 사람들과 있으려 한다. 특히 공개적인 자리에서 이런 현상이 많이 일어난다. 참 묘하다.

왜 이렇게 되는 걸까? 오늘만큼은 저 사람과 식사하며 대화하고 싶은데, 결국은 제자리다. 이유는 편안함 때문이다. 편안함은 쉽게 헤어나올 수 없다. 편안함은 강력하다. 누구나 지금 당장 편안함을 느끼고 싶어 한다. 매일 출퇴근하는 길도 가던 길로 간다. 다른 길로 쉽게 빠지지 못한다. 더 편하거나 빠른 길이 있을지도 모르는데 말이다. 마음이 편하기 때문이다. 그냥 가던 길로 가는 게 마음이 편하다. 갑자기 다른 길로 가면 늦을 것만 같고, 찾아보기도 불편하다. 항상 가는 길은 몸이 가는 대로 가면 되니 마음이 편하다. 그래서 사람들은 오늘도 가던 길로 간다.

사람도 그렇다. 인기가 많은 사람이 있고 적은 사람이 있다. 소위 말하는 좋은 사람이 있고 좋지 않은 사람이 있다. 가까이하고 싶은 사람이 있고 멀리하고 싶은 사람이 있다. 인기가 많고 가까이하고 싶은 사람은 좋은 사람이다. 당신은 좋은 사람을 만나본 적이 있는가?

미국 하버드대학교를 졸업하고 다시 학교를 찾는 사람이 있었다. 그는 어려운 일이 있을 때마다 한 노인을 찾아갔다. 나이가 많이 차이나지만 꽤 가까워 보였다. 그들은 대화를 하다 생각도 할 겸 사과를 먹는다. 사과 먹는 소리만 들리자 제자가 묻는다.

"선생님은 뭐든지 열심히 하시는군요."

노인은 크게 웃는다.

때때로 노인은 제자에게 샌드위치를 만들어준다. 제자가 맛있게 먹자, 맥주까지 건넨다. 몸이 아픈 노인은 제자를 보며 웃는다. 제자와 통화할 때도 웃는다. 이제 한 시간씩은 산책할 수 있다며 좋아한다. 제자는 노인의 병실이나 서재, 하버드 대학의 캠퍼스, 찰스 강변을 산책하며 많은 대화를 나눈다.

에릭 시노웨이와 메릴 미도우가 쓴 책 『하워드의 선물』의 내용이다. 여기서 노인은 세계적인 경영학계의 살아 있는 전설 하워드 스티븐슨이고, 그의 제자는 에릭 시노웨이다. 『하워드의 선물』은 이들의 대화를 풀어낸 이야기다. 하워드 교수는 하버드 최고의 석학이지만, 제자와 대화를 하는 모습을 보면 편안한 느낌을 준다. 사과를 먹다가 같이 웃기도 하고, 농담도 한다. 제자를 위해 샌드위치를 만들기도 한다.

둘의 대화도 지혜롭지만, 이들이 만나고 헤어지는 장면도 기억에 남는다. 뭔가 따듯하고 푸근한 느낌을 줘서 읽는 사람도 편해지는 기분이다. 아마도 에릭은 하워드를 만날 때 더 따듯했을 것이다. 하워드 교수는 수많은 제자가 있었을 것이고, 교수님을 찾는 제자도 많았을 것이다. 하지만 에릭 만한 제자는 없었다. 에릭은 하워드를 친구처럼 찾는다. 그는 하워드와의 대화를 좋아한다. 하워드 역시 따뜻한 차를 주거나 함께 걸으며 제자의 말에 집중해준다. 나는 그가 지혜로운 해답을 주지 않아도 제자들이 찾아왔을 거라고 생각한다.

책에서 설명한 것처럼, 함께 있으면 즐거워지는 사람이 있다. 그런 사람은 도대체 어떤 비법을 가지고 있을까?

나는 좋은 사람을 만나본 적이 있다. 나보다 윗사람이었는데, 그분은 항상 웃으며 나를 반겨주셨다. "요즘 어떻게 지내?"라며 친구처럼 말을 걸어주시는데, 말을 걸 때도 권위가 느껴지지 않았다. 내가 대답하면 웃으며 리액션도 해주신다. 그렇다고 내가 그분을 만만하게 대하는 건 아니다. 이런 사람들에겐 오히려 더 깍듯하게 대하게 된다. 더 잘 보이고 싶어진다. 묘한 일이다. 이런 사람들의 공통점은 편안하다는 것이다. 상대방을 편하게 대해주기도 하지만, 자기 자신이 편안한 상태다.

마음이 고요한 상태, 자기 자신에게 중심이 잡힌 사람은 그러한 상태를 유지한다. 모든 관계는 자기 자신으로부터 시작된다. 자신과의 관계가 좋으면 다른 이들과의 관계도 좋아질 수밖에 없다. 결국 높은 자존감이 '함께하고 싶은 사람'으로 만든다. 자존감이 높을 수록 마음에 여유가 생기고, 마음에 공간이 생기기 때문이다. 공간이 있기에 다른 사람이 들어와도 괜찮다. 넓은 집에 사람들이 한두 명 들어와도 상관없는 것처럼 말이다.

반면 여유가 없으면 상대방의 말에 민감해진다. 마음에 공간이 없기 때문이다. 나 혼자 살기에도 좁기 때문에 누구 하나만 찾아와도 불편하다. 도저히 같이 있고 싶지가 않다. 나 역시 자존감이 낮고 여유가 없을 때는 상대방과 같이 있기 힘들었다. 커피 한 잔 같이 하기도 부담스러웠다. 그들이 던진 농담도 받아들이지 못했다. 마음의 공간이 없었기 때문이다.

나 자신에게 물었다.

"도대체 인간관계가 왜 이렇게나 어려운 거지?"

이유는 간단했다. 다른 사람에게 내 감정의 중심을 두었기 때문이다. 상대방으로 인해 내 감정이 요동치고 있었기 때문이다. 항상 내 감정보다 다른 사람의 감정이 우선이었다. 그들이 기분 나쁠까봐 내 감정을 숨기고 있었다. 그럴수록 나만 여유가 없어지고 고달파졌다.

그래서 나에게 솔직해지기로 했다.

나의 감정을 존중하기 시작하니, 마음의 여유가 생겼다. 상대를 이해하는 폭도 넓어졌다. 예전에는 사람들이 나에게 아쉬운 소리를 할 때, 나한테 왜 이러나 싶었다. 어떤 사람은 아쉬운 소리를 하도 해서 다른 이들이 늘 피해 다녔다. 나 역시 그의 말을 듣기 싫었다. 하지만 내 마음에 여유가 생기자, 그 사람의 말에 귀를 기울이게 됐다. 자세히 들어주고, 그럴 수 있겠다며 고개를 끄덕여 주었다. 그러자 더 이상 아쉬운 소리를 하지 않았다.

우리는 반갑게 인사를 하는 사이가 되었다. 커피를 마시자고 하면 흔쾌히 마신다. 그러면서 대화도 늘고 농담도 주고받았다. 자연스럽게 관계가 더 좋아졌다. 그러자 더 많은 사람들이 나를 반겨주었고, 결과적으로 행복해졌다.

사람들의 진짜 관계는 헤어질 때 아는 법이다. 같이 있을 때는 서로 조심하기 때문에 알 수 없지만, 앞으로 볼 일이 없게 되면 사람들은 진짜 얼굴을 드러낸다. 더 이상 서로에게 아쉬울 게 없기 때문이다.

하지만 정말 좋은 사람이 떠나가면 사람들은 아쉬워한다. 앞으로도 연락을 주고받자고 한다. 언제든지 찾아오라고 한다. 다시 만나고 싶지 않은 사람에게는 절대 하지 않는 말이다. 빈말이라도 하지 않는다. 굳이 그럴 필요가 없기 때문이다.

그러므로 헤어질 때 아쉬워한다면, 그들과 좋은 관계를 맺었다는 증거다.

내가 편안함을 느껴야 상대방에게 편안하게 대할 수 있다. 내가 불편하면 다른 사람에게 집중할 수가 없다. 따라서 내 상태에 먼저 집중해야 한다. 나와의 관계가 좋으면 자연스럽게 사람이 따른다. 꽃이 피면 향기가 나고 그 향기로 인해 나비가 모이듯이, 내 상태가 꽃처럼 피어있다면 관계는 나비처럼 모이게 된다. 나비를 모으려고 애쓰지 마라. 나에게 집중해서 나를 먼저 돌봐야 한다. 꽃이 피도록 해야 한다. 나를 좋게 해주면 반드시 사람이 찾아온다. 상대방은 나로 인해 좋아지고, 나 역시 그 사람으로 인해 좋아진다. 이렇게 선순환이 되면서 나는 행복해진다. 건강한 관계가 된다. 그러므로 가장 먼저 나를 좋게 해줘야 한다. 나에게 집중하자.

Part 7

소소함의 깊이를
특별함으로 만드는 마법사

_홍지원

홍지원

대한민국의 여느 청년들처럼 자랐다. 평범하게 초·중·고·대학을 졸업했고, 여느 청년들과 마찬가지로 아무 생각도 목적도 없이 어른들이 시키는 대로, 바라는 대로 살아왔다. 첫 직업 역시 대학에서 비서행정을 전공한 탓에 아무 생각 없이 비서로 일을 시작했다. 그렇게 하루하루의 삶을 기계적으로 살아가고 있던 어느 날, 저자는 문득 '하고 싶은 일'과 '좋아하는 일'에 대해 고민하기 시작했다. 다행히 아이들을 좋아하는 자신을 발견하고는, 보육교사 자격증을 따고 어린이집에 취업했다. 처음엔 예쁘고 순수하고 해맑은 아이들과 함께해서 좋았지만, 계속하다 보니 맨 처음의 고민이 도돌이표처럼 똑같이 반복되었다.

'내가 정말로 원하는 것은 무엇일까?' 저자는 해외로 나가 경험을 넓히기로 결심했다. 그것은 최후의 목표로 미뤄두었던 것이다. 그 결심은 옳았다. 넓고 큰 세계를 보면서 깨달은 바가 많았다. 긍정적인 생각을 가지고 모든 일에 임해야겠다고 마음먹었다. SNS에 사진과 짧은 글을 올리며 사람들과 소통하기 시작했다. 그러면서 작은 꿈이 생겼는데, 바로 '책 쓰기'였다. 책 앞에만 서면 '내가 과연 할 수 있을까? 나 같이 평범한 사람이 글을 쓸 수 있을까?' 하는 두려움이 앞섰지만, 장고 끝에 당당히 맞서기로 했다. 책을 쓰면서 저자는 이렇게 선포했다.

"나는 나를 전혀 모르고 살았다. 내가 무엇에 관심을 두고 있는지, 무엇을 좋아하고 싫어하는지 잘 알지 못한 채 살아온 것이다! 이제부턴 느리더라도 계속해서 꾸준히 성장하는 사람, 홍지원으로 살리라!"

현재 공동 저서 『가장 위대한 메신저』를 집필하면서 꿈을 이루게 된 저자는, 책을 쓰면서 꿈꾸던 자기 자신의 모습에 가까워졌다고 과감히 고백한다. 또한 스스로를 들여다보며 아직 부족한 부분이 많다는 것을 당당히 인정하면서, '느리더라도 꾸준히 성장하는 사람, 홍지원'으로 계속 살아갈 것을 다짐한다.

---

* FACEBOOK : www.facebook.com/hongwldnjs
* E-MAIL : hongwldnjs@hanmail.net

소소함의
아름다움에
대하여

똑같이 반복되는 일상 속에서 나만의 즐거움을 찾는 방법

1. 나에게 주는 메시지

오늘이 가면 내일이 오고, 내일이 가면 또 다른 날이 온다. 그렇게 하루가 쌓여서 일주일이 되고, 또 한 달, 또 일 년이 된다. 날마다 반복되는 날들, 우리는 그것을 일상이라 부른다. 어쩌면 이러한 일상 속에서 우리 또한 반복적인 삶을 사는지도 모르겠다. 하지만 그 가운데서 무엇인가를 발견해야 하며, 깨달아야 한다. 일상적인 삶은 그 자체로 이겨내는 것이 어렵고 지치기 때문에, 우리는 그 가운데서 작은 기쁨과 행복들을 찾아야만 한다.

요즘에 뜨는 단어가 있다. 바로 '소확행'이다. 일상에서 느낄

수 있는 '작지만 확실하게 실현 가능한 행복'이라는 뜻이다.

나는 과연 하루를 지내면서 작은 행복을 느끼는지 생각해 보았다. 맛있는 음식을 먹을 수 있어서 행복하고, 좋아하는 사람들과 이야기를 나눌 수 있어서, 또 가족들이 있어서 행복하고, 책을 읽을 수 있어서 행복하다. 조금만 생각해 보면, 일상 가운데 아주 작지만 행복한 일들이 많다.

문득, 고등학교 때 내가 제일 좋아했던 국어선생님이 생각이 난다. 요즘처럼 날씨가 더워지면 음료수를 챙겨 드린 적도 있었고, 수업시간이 되면 제일 먼저 바른 자세로 앉아 선생님을 바라봤던 기억이 난다. 그 시절 수행평가와 시험에서 좋은 점수를 받고자 열심히 했었던 모습이 떠오른다.

혹시, SNS의 원조 격인 싸이월드를 아는가? 지금은 페이스북이나 인스타그램이 그 자리를 대체하고 있지만, 한참 동안 학생들 사이에서 도토리를 이용하여 미니홈피를 관리하는 일종의 소통 공간이었다. 나는 싸이월드에서 국어선생님과 대화했었다. 일상적인 이야기도 나누었고, 선생님께서 수업을 많이 하시니 목상태는 괜찮으신지 묻기도 했다. 선생님께서도 열심히 공부하라는 응원의 메시지를 주셨다.

선생님께서 해주신 이야기 중에서 아직도 강렬하게 기억에 남는 것이 몇 가지 있다.

"언제나 너의 일에 최선을 다하는 지원이가 되거라."

"인생이란 스스로 열어가야 하는 거란다."

"인생이란 쟁취하는 자의 것이란다. 내 삶이 하나이듯, 네 인생도 하나란다."

학생 때는 미처 알지 못했다. 인생은 무엇이고, 나는 또 무엇에 집중해야 하는지 말이다. 참으로 고민이 많은 시기였다. 하지만 사회생활을 하면서 조금씩 깨닫게 되었다.

"자신에게 주어진 일은 어떤 것이든 지속적으로 하는 것이 중요하다."

"실수를 하더라도 일어서면 그만이다. 그러니까 포기하지 않는 마음을 갖는 게 필요하다."

"나의 영역 안에서 노력과 꾸준함으로 전진하다 보면 분명 좋은 결과가 있을 것이다."

"힘들고 어려워도 버티고 이겨내면, 자신의 영역을 넘어서는 훨씬 큰 세계를 만날 수 있을 것이다."

나는 내가 깨달은 이 작은 진리들을 지금 이 시대를 살아가는 이들에게 전하고 싶다.

2. 5분의 시간

아침에 일어나는 모습은 두 가지로 나뉜다. 규칙적으로 같은 시간에 일어나든지, 항상 알람시계에 의지해서 겨우 힘들게 일어나든지.

안타깝게도 나는 두 번째에 속한다. 이상하게도 '5분만 더'라는 습관을 가지고 있다. 일어나려고 하다가도 시계를 한번 쳐다보고, '5분만 더 자도 괜찮겠지' 하는 생각과 함께 다시 잠이 들어버린다.

왜 이토록 잠을 이겨내는 것이 힘들까? 평소에 자는 시간이 비슷한데, 피곤하면 조금 일찍 잠을 자기도 하는데 왜 그럴까? 아무리 생각을 해봐도 잘 모르겠다. 알람시계가 울리면 다음으로 어머니께서 들어오신다. 어머니는 나를 흔들어 깨우시다가 "5분만!"을 외치는 소리에 한 마디 툭 던지고 나가신다.

"만날 그놈의 5분은 까먹지도 않네."

몇 분이 지나고 나서야 늦었다는 느낌을 받고 벌떡 일어나 씻으러 달려간다. 밥을 먹고 옷을 입으면서도 나의 눈은 늘 시계를 향하고 있다. 지금이 몇 시인지, 몇 분이나 흘렀는지가 중요하다. 준비가 다 되면 시간에 쫓기듯이 집을 나선다. 랩을 하듯이 빠르게 인사를 하고.

"다녀오겠습니다."

나의 아침은 늘 이렇게 시작된다.

저녁이 되면 긴장이 풀리면서 자연스럽게 느슨해진다. 그러면 나른해지고 괜히 나태해지기도 한다. '오늘 하루 무엇을 했나? 또 이렇게 하루가 지나가는구나.' 나는 그렇게 흘러가는 하루가 아쉽고 또 아까워서 책을 읽기도 하고, TV를 보기도 한다. 이렇게 소파에서 시간을 보내며 이것저것 생각하다가 잠이 든다.

"오늘 하루도 안녕."

그리고 아침이면 또 알람 소리와 전쟁을 한다. 매번 같은 상황이다.

도대체 왜 그럴까? 어떻게 하면 조금이라도 달라진 아침을 맞이할 수 있을까? 이때 내 머리에 스친 것이 바로 '작은 실천'이다.

누구나 겪고 있는 분주한 출근시간, 그 아침 속에서 내가 찾은 것은 '5분 일찍 행동하기'이다. 평소보다 5분 일찍 잠자리에 들고, 5분 일찍 일어나는 것이다.

생각해 보면, 모든 것은 사소한 것에서 시작되는 것 같다. 항상 '5분만'을 외치며 분주해지느니, 차라리 그 5분을 일찍 사용하기로 했다. 아직은 눈에 띄게 달라졌다고 할 수 없으나, 조금씩 변화를 주면 그 변화가 자연스럽게 받아들여지고, 또 일상이 될 것이다. 그러면 분명 상쾌한 아침을 맞이하게 되겠지.

3. 오늘은 그냥 마음에 들지 않아

우리가 일상에서 가장 많이 듣는 것이 있으니 바로 불평불만이다. 많은 이들이 학교에서 혹은 회사에서 불평을 말하고 또 듣는다. 운전을 하면서도, 식당에서 음식을 먹으면서도, 일을 하면서도, 그 밖의 다양한 상황에서 우리는 자기도 모르는 사이 아무렇지도 않게 이런 소리들을 내뱉는다. 나부터도 하루에 몇 번씩은 그런 말을 하고 있다는 것을 깨달았다.

"오늘 메뉴가 왜 이래?"

"에어컨이 꺼졌나? 너무 덥네."

"저 사람 오늘 왜 그러지?"

속으로 생각하면 그만인데 사람들은 보통 밖으로 표출한다. 무의식중에 말로 나오는 것이다. 우리가 생각지도 못하는 그 순간 불만이 터져 나온다. 바로 그것을 조심해야 한다.

다들 그런 경험이 있을 것이다. 사람들과 식사를 하는 중에, 한 명이 "여기는 음식이 짠 것 같은데? 맛이 없어."라고 말하면 나도 모르게 그런 생각을 갖게 된다. 참 신기한 경험이다. 이야기를 듣고 있자니 이상하게 공감이 가는 것이다.

그런가 하면 평소와 특별히 달라진 게 없는데도, 그날 하루 자신에게 무슨 일이 있다거나 기분만 살짝 좋지 않아도 불평을 한다.

불평을 없애려면 어떻게 해야 할까? 글쎄, 적어도 감사한 일을 찾으면 되지 않을까 한다. 나보다 더 어려운 상황에 있을 누군가를 일부러라도 생각하면서 말이다. 아프리카 사람들이나 북한 아이들은 어떨까? 적어도 그들에 비해 나는 충분히 먹을 음식이 있고, 시원하고 편하게 생활할 수 있는 환경이 있다. 즉, 일상 속에서 감사할 일을 찾는 것이다.

아니면 이런 건 어떨까? 나 자신에게 칭찬을 해 주는 거 말이다.

"좋아, 오늘은 불평불만을 하지 않았어. 잘했어!"

누구를 만나도
당당해지는
사람의 비밀

인간관계를 나만의 방식으로 쉽게 풀어내는 방법

1. 카페에서

요즘엔 카페가 참 많다. 많을 뿐만 아니라 다양해지기도 했
다. 마사지 카페, 만화카페, 애견카페, 브런치 카페 등 다양한 카
페들이 새롭게 나타나고 있다. 프랜차이즈에서부터 개인이 운영
하는 카페까지 폭이 넓어졌다. 그만큼 카페를 찾는 사람들이 많
고 또 취향도 다양하다는 얘기다.

나도 어느 순간부터 카페 가기를 좋아하게 되었다. 처음에는
혼자 가기가 왠지 부담스럽고 사람들의 시선도 불편했는데, 지금
은 아무렇지 않다. 카페 중에서도 나는 개인이 운영하는 카페를

좋아한다. 분위기도 더 좋고, 무엇보다 손님을 배려하는 공간이
있어서 좋다.

　혼자 카페에 들어가면, 우선 한적한 곳에 자리를 잡는다. 책
을 꺼내고, 종이와 펜을 준비하며 있는 그대로의 나와 마주한다.
조용히 책을 읽기도 하고, 잠시 지나가는 사람들을 구경하기도
하며, 지금 떠오르는 생각을 적기도 한다. 그러다가 멍하니 바깥
풍경을 쳐다보기도 하고, 사색에도 잠겨본다. 나는 이런 시간이
참 좋다.

　하지만 카페는 아무래도 사람들과 오는 것이 제맛이다. 친구
들 혹은 좋은 사람들과의 만남은 항상 카페로 향한다. 밥을 먹
고 소화시킬 겸 공원을 찾아 산책을 하기도 하지만, 그럴 때면
꼭 누군가가 말한다.

　"카페 갈까?" "어디 가서 차 한잔할래?"

　거기에서 우리는 자신만의 이야기보따리를 풀어내기 시작한
다. 이번 주에 있었던 일들, 회사에서 나를 힘들게 했던 누군가
의 이야기, 기분이 너무 좋았던 사건들 또는 가족 이야기, 고민
이 한가득인 이야기……. 모두가 일상에서 느끼는 기쁘고 행복
하고, 어렵고 당황스러웠던 일들이다.

우리는 늘 이렇게 사람과 사람 속에서, 관계 속에서 살아간다. 재미있기도 하고 때로는 슬프기도 하며, 어느새 서로가 서로를 위로해 주기도 한다. 날이 좋은 날에 들어오는 햇살처럼, 사람들과의 이야기는 나에게 언제나 따뜻함으로 다가온다.

우리의 일상은 좋아하고 미워하는 사람들과의 관계 속에서 시작하고 또 끝이 난다. 신경 써서 해야 할 일과 하고 싶어 하는 일이 섞여 있어 분주한 일상이지만, 돌아보면 또 세상은 아름답다. 그 아름다운 세상에서 우리의 인생은 너무도 짧다. 그러니까, 관계 속에서 너무 힘들어하거나 어려워하지 않았으면 좋겠다.

"오늘, 커피 한 잔 어때요?"

2. 어른이 되려면 멀었어

사람은 저마다 가지고 있는 독특한 어떤 것이 있다. 성격이나 취향 혹은 생각하는 것, 긍정적으로 행동하는 것, 그 사람이 가지고 있는 인성과 올바름 등이 여기에 속한다. 학생 때부터 만들어진 자신의 성향이 어른이 되면서 뚜렷해지는 경우도 있고, 어렸을 때의 성격을 그대로 가지고 어른이 되었을 수도 있다.

'어른'의 사전적 의미는 '다 자란 사람' 또는 '자기 일에 책임을 질 수 있는 사람'이다. 그런데 '다 자란 사람'의 의미만 갖고 본다면, 진짜 어른이 아닌 사람도 있다. 겉모습은 어른인데 속은 어린아이와 같은 모습을 하고 있기 때문이다. 나조차도 참다운 어른이 되려면 한참이나 먼 것 같다.

지난 2014년, 직장인들을 뒤흔들 만큼 공감을 받았던 드라마가 있었다. 바로 〈미생〉이다. 나는 여기에서 정말 멋진 문장을 발견했다.

"어른이 된다는 건, 나 어른이요 떠든다고 되는 게 아니야. 꼭 할 줄 알아야 되는 건 할 수 있어야지. 말하지 않아도 행동으로 보여주면 그게 말인 거야. 어른 흉내 내지 말고 어른답게 행동해."

어른이 되면 자유롭게 하고 싶은 일을 할 수 있을 것이라고 생각해 왔는데, 아니었다. 오히려 책임감이 많아지고, 해야 할 일을 먼저 해야만 하고 싶은 것을 할 수 있는 게 어른이었다. 학생 때는 그 나이 대에 맞는 행동과 말투를 사용하면 그만이었다. 하지만 어른이 된 후로는 상대방에 맞는 예의와 행동과 규칙을 지켜야 한다. 그러면서 가장 자신다운 모습도 보여주어야 한다. 그게 어른스러운 것이다.

그러고 보면 나도 지금까지 어른 흉내만 내고 있었던 건 아닐까? 그래, 다시 한 번 나의 모습을 돌아보자. 나를 관찰하고 살피는 사람이야말로 조금씩 어른에 다가가는 사람일 테니 말이다.

3. 그때가 있어, 바로 지금!

내가 선택한 길은 남들과 비슷할 수도 있고, 다를 수도 있다. 각자 자신의 인생을 살아가는 것이니, 이 세상을 살아가는 사람들 중에서 틀린 삶을 사는 사람은 없다. 간혹 다른 방향으로 가는 사람을 비난하기도 하는데, 다른 방향으로 간다고 해서 무조건 헛된 것이라고 말할 수는 없다. 때문에 나는 오히려 다양한 경험을 해보라고 이야기해주고 싶다.

자신이 정말로 하고 싶은 일이 있는데, 타인의 시선 혹은 가족의 시선이 부담되고 걱정된다면, 비슷한 경험을 할 수 있는 길을 찾는 것도 좋다. 이를테면 '아르바이트'로 원하는 일을 할 수도 있고, '원 데이 클래스'로 원하는 것을 배울 수도 있다. 자신이 하고자 하는 것과 관련된 일을 미리, 혹은 다른 방향으로 경험해보는 것만으로도 좋은 기회가 될 수 있다.

이야기를 덧붙이자면, 나는 사진 찍는 것에 관심이 있어서 사진 관련 일을 해보고 싶었으나 선뜻 나서지지 않았다. 아르바이트라도 해보려고 했으나 용기가 없었다. 한참이 지난 후, 교회에서 결혼식을 하는데 신부대기실에서 사진을 찍어 줄 사람을 찾는다는 소식을 들었다. 나는 부족하지만 해보겠다고 했고, 최선을 다해 찍어주었다. 재미있기도 했지만, 무엇보다 또 다른 나를 발견한 것 같아 기분이 좋았다.

'아, 나도 이런 일을 할 수 있구나.'

그러니 용기를 가졌으면 좋겠다. 타인의 시선을 신경 쓰지 않았으면 좋겠다. 사실 사람들은 우리가 무엇을 하든지 그리 관심을 갖지 않는다. 자신이 하고자 하는 일을 발견한다면, 꼭 도전했으면 좋겠다.

그런가 하면, 모든 일에는 '시기'가 중요하다. 무엇인가를 선택할 때 용기를 내는 것도 중요하지만, 그 일을 적절한 시기에 선택했는지가 가장 중요하다. 미안하다고 말하는 것도 그렇고, 고맙다고, 사랑한다고 말하는 것도 그렇다. 반드시 말해야 할 때 말해야 한다. 자신이 하고 싶은 일을 결정하는 것도 적절한 시기에

해야 한다. 모든 것에는 시기 곧 타이밍이 중요한 것이다.

대표적인 것 중 하나가 사랑일 것이다. 연애는 그 시작하는 순간이 참 어렵다. 나도 상대방을 좋아하고 상대방도 나를 좋아하는 그 시기 말이다. 사랑을 시작할 때는 서로에게 적당한 시기가 맞아떨어졌는지가 참 중요하다. 그렇지 않으면 빗나가 버리기 때문이다. 나는 준비가 되어서 말했는데, 상대방은 받아들일 아무런 준비가 되어있지 않다면, 그 사랑은 어긋나 버린다.

사랑이나 연애뿐만이 아니다. 가족 간의 표현이나 인간관계에서 상대방을 대하는 것, 혹은 어떤 것을 결정하는 모든 것들에 가장 중요한 것은 바로 타이밍이다.

누구나 원하는 것을 얻었을 때 기뻐했던 경험이 있을 것이다. 정말 바라던 것을 이뤘을 때, 아마도 그때가 가장 기쁜 순간일 것이다. 하지만 그것을 얻기 위해 선택하는 일은 정말 어렵다. 선택을 해야 바라는 것을 이룰 수 있을 텐데, 그 선택의 순간이 어려운 것이다. 그 순간엔 정말 많은 생각이 든다.

'내가 해보려고 하는 것이 나한테 맞을까?'

'지금 이 시점에서 이게 과연 올바른 선택일까?'

하지만 너무 많은 것들을 생각만 하다가는 또 시기를 놓쳐버린다. 한 가지 깨달은 것은, 생각만 하고 시도하지 못하면 결국엔 아무것도 얻지 못한다는 것이다. 그러므로 과감히 시도해야 한다. 두려움이 앞서겠지만, 일단은 해보는 것이다. 내가 할 수 있는 상황과 조건이라면 그냥 도전해야 한다. 그렇게 해야 나에게 맞는 것과 그렇지 않은 것을 가려 낼 수 있다.

앞에서도 말했듯이, 다양한 경험이 중요하다. 어떤 일이든, 어떤 사람이든 나에게 맞는 것을 찾기 위해서는 겪어 봐야 알 수 있고, 부딪혀 봐야 알 수 있다.

"지금이 아니면 안 될 것 같아!"

당신에게도 반드시 이런 순간이 오기를 바란다.

당신만 몰랐던
단순함의
비밀
복잡한 세상에서 단순하게 살아갈 수 있는 방법

1. 단순한 삶

나는 학생 때, 인테리어에 관심이 많았다. 내 방을 혹은 거실을 어떻게 하면 깔끔하게 정리할 수 있을까 하는 생각을 많이 했었다. 마트에 가면 정리용품을 눈여겨보다가 비슷하게 따라 해보기도 했고, 저렴한 물건을 구입해서 나름대로 정리해 보기도 했다. 하지만 어린 나이에 어려움이 많았다.

성인이 되어서도 그 생각은 여전했지만, 이런저런 바쁜 일로 실천에 옮기지는 못하고 살았다. 내게 주어진 일을 감당하느라 잊고 지낸 적이 많았다. 그러다가 요즘에 다시 인테리어에 관심을 가지기 시작했다. 잊고 지냈던 '미니멀 라이프'가 문득 생각난 것이다.

미니멀 라이프란 '불필요한 물건이나 일 등을 줄인 단순한 생활방식'을 뜻한다. 자, 나에게 불필요한 것들은 무엇일까? 그때부터 나는 주변을 살펴보았다. 우선 내 방부터 변화를 시작해 보고자 했다.

막상 시작하려고 하니, 손댈 게 너무 많았다. 책상 위에 있는 것들, 서랍 안에, 옷장 안에 있는 것들이 생각보다 많았고, 겹치는 것들도 있었다. 심지어 한 번도 사용하지 않은 것들이 널려 있었다. 나는 항상 무언가를 살 때, 비슷한 것을 사고 있었던 것이다.

필요 없이 자리만 차지하고 있었던 게 하나 있었다. 내 방에서 가장 문제였던 것, 옛날 디자인의 책상세트였다. 주저하지 않고 버리기로 마음먹었다. 그렇게 물건들을 하나하나 정리하면서, 버려야 할 것과 남겨야 할 것을 구분했다.

물건들을 비우다 보니, 내가 원하는 방향을 찾을 수 있었다. 지금 내 방은 이전과는 달리 조금은 단순해졌다고 할 수 있다. 화장대를 책상 겸용으로 사용 중이며, 선반과 전신거울만 깔끔하게 배치했다. 침대는 매트리스만 사용 중이다. 달라진 모습을 보니 뿌듯하기도 하고, 무엇보다 실천했다는 것이 기뻤다.

그러다 보니 하나의 평범한 진리를 깨닫게 되었다. '인생에서, 인간관계에서 버려야 할 것들은 바로 버려야 한다'는 것이다. 그 것이 사람에 대한 미움이든, 실망감이든, 단점이든, 그 무엇이든 지 간에 내가 다 끌어안을 필요는 없다는 것이다.

어느 강의에서 들은 말이 생각난다. 세상에는 '나의 영역', '타 인의 영역', '신의 영역' 3가지가 있다고 한다. 내가 선택한 것은 나 의 영역 안에 있는 것이고, 타인이 선택한 것은 타인의 영역 안 에 있는 것이다. 그런데 우리는 타인의 영역 안에 있는 것들을 바꾸려 한다. 그것을 바꾸려고 했던 나의 모습들이 떠올랐다. 각 자 자신의 영역이 다른 것뿐인데 말이다.

세상은 이토록 복잡하다. 그래서 우리는 단순하게 생각해야 한다. 불필요한 과정을 줄이며 살아야 한다.

자, 이제 당신의 선택만 남았다. 지금처럼 계속 어지럽게 살 것인가? 아니면 조금씩 변화를 받아들이면서, 미니멀 라이프를 적용할 것인가?

음식을 먹을 때, 맛있어서 혹은 배가 고파서 먹다 보면 생각보다 많이 먹는 경우가 있다. 특히 아침을 못 먹은 상태에서 점심시간만 기다리다 보면 급하게 또 많이 먹게 된다. 이때 주의해야 할 것은 소화를 잘 시켜야 한다는 것이다. 음식을 먹고 난 후에 더부룩하거나 배가 아파진다면 자신의 기본 양보다 너무 많이 먹어서 그럴 수도 있다.

며칠 전부터, 밥을 먹고 나면 소화가 잘 안되었다. 월요일부터 하루하루 지나면서 알 수 없는 답답함을 느꼈다. 무엇이 문제일까? 병원에도 가보고, 약도 챙겨 먹고, 손도 따보았는데 아직도 속이 불편하다.

의사 선생님이 했던 이야기가 머릿속에 남는다.

"바이러스 혹은 음식이 잘못되어서 그럴 수 있으니, 하루 이틀간은 먹지 않거나 죽을 먹는 것으로 속을 비우면 다시 원 상태로 돌아올 수 있어요."

'비우기'라는 단어에 대해 한참 생각을 해보았다. '어떤 것 안에 들어있는 것을 비우다'라고 할 때 쓰는 표현인데, 아픈 것에도 비우는 게 필요하다는 것에 놀랐다.

사실, 너무 많은 생각을 해도 머리가 아프고 복잡해진다. 아마도 내 몸에 많은 것들이 있다 보니 불편해서 이렇게라도 비우기를 하나보다. 먹는 것도 괜한 욕심을 부렸나 보다. 아무리 맛있어도 배가 불러오면 그만 멈춰야 하는데 그렇게 하지 못했다.

결국 나는 며칠간 죽을 먹으면서 속을 비워야 했다. 다행히 처음의 상태를 찾아가는 느낌을 받았다.

인생을 살다 보면 비우고 버려야 할 것들이 꼭 나타난다. 물건뿐 아니라 잡다한 걱정들과 생각들 말이다. 어디선가 들은 말이 있는데, 대부분의 걱정들은 일어나지 않을 일들을 미리 걱정하고 고민하는 거라고 한다. 미래를 바라보고 앞서서 생각하는 것은 좋은 일이나, 지금 나에게 일어나지도 않은 일들을 미리 고민하는 것은 분명 어리석은 일이다.

생각해 보라. 자신의 속이 욕심으로 가득 차 있는지, 적당히 자신의 양을 지키면서 살고 있는지 말이다. 자신의 상태를 잘 살피면서, 구별하면서 단순하게 살아가야 한다. 그것이 옳은 삶이다.

내 마음 속
캐리어를
열어라

일상에서 지쳤을 때 마음의 짐을 버리는 방법

1. 낯선 곳에 나 홀로

여행을 분류해 보면, 같이 하는 여행과 혼자 하는 여행으로 나눌 수 있다. 좋아하는 사람들과 같이 하는 여행이야 두말할 나위 없이 좋겠지만, 혼자 하는 여행은 또 그것만의 매력이 있다. 무엇보다, 자유롭고 나만의 시간을 찾을 수 있어서 더 좋다.

나는 여행을 좋아하는 편에 속한다. 내가 살고 있는 지역을 벗어나 새로운 곳에 간다는 그 느낌이 설렘으로 다가오기 때문이다.

몇 달 전, 나에게 하루를 쉴 수 있는 시간이 있었다. 무엇을 할까 생각을 하던 중, 머릿속에 밤바다가 떠올랐다.

"그래, 그거야. 여수 밤바다!"

나는 한 가지 목적, 오직 밤바다를 본다는 그 목적을 가지고 무작정 기차에 올랐다. 기차에는 사람이 많았다. 혼자 온 사람, 같이 온 사람. 하지만 모두 목적은 같았다. 여수 밤바다.

여수는 멀었다. 잠을 자고 일어나도, 음악을 들으며 풍경을 봐도, 책을 읽어도 도착하지 않는 곳, 그곳이 여수였다.

'내가 진짜 멀리 가고 있구나.'

말로만 듣던 밤바다를 보니 여기까지 온 것이 정말 잘했다는 생각이 들었다.

'이런 풍경을 또 언제 볼 수 있을까?'

넋을 놓고 한참 동안 바라보았다. 바람도 시원하고, 야경도 멋지고, 음악도 좋고, 그냥 모든 것이 좋았다.

사실, 혼자 여행한다는 것은 어렵기도 하고 민망할 때도 많다. 특히나 밥을 먹을 때가 가장 부담스러웠다. 식당에 혼자 들어갈 때면 사람들의 시선이 괜히 두려웠다. 하지만 이제는 괜찮다. 당당하게 들어가면 그만이다. 요즘 같은 시대에 나 홀로 여행은 오히려 트렌드가 되고 있지 않은가? 무엇이든지 처음 시작하는 것이 어려운 법이다. 행동으로 옮기는 것이 망설여지기도 하고 부끄럽기도 하지만, 일단 첫발을 떼는 게 중요하다. 그러면 다된다.

작년 겨울, 시간적으로 여유가 있을 때였다. 나는 또 여행 계획을 세우게 되었다. 이번 여행의 목적은 '광안리 야경!' 기차표를 예매하고, 숙소를 예약하고, 일정을 짰다. 또 한 번의 나 홀로 여행은 그렇게 시작되었다.

이번에는 야경만 보자니 뭔가 아깝다는 생각이 들어, 다른 곳들을 살펴보았다. 추가 정보를 검색하던 중 좋은 곳을 발견했다. 영화 〈변호인〉의 촬영지인 '흰여울 문화마을'이라는 곳이다. 버스를 이용하여 갈 수 있고, 마을은 걸어서 다닐 수 있어서 나의 취향과도 맞아떨어졌다. 사막에서 오아시스를 발견한 느낌이었다. 더욱이 바다가 바로 앞에 있어서, 정말 탁 트인 곳이었다. 왠지 나만 알고 싶은 장소였다.

드디어 기다리고 기대했던 '광안리 야경!'

정말 보는 순간 감동받았다. 항상 TV에서만 봤던 모습이 실제 내 눈앞에 펼쳐져 있다고 생각하니 뭉클했다. 내 눈은 그 모든 광경들을 담느라 바빴다. 내 손도 그 모든 장면들을 카메라에 기록하느라 바빠졌다. 아름다운 것들은 왜 이렇게 멀리 있는지 모르겠다.

　솔직히 말하면, 나는 처음부터 나 홀로 여행을 선호하지 않았다. 무섭기도 하고 고민도 되었다. 그러던 어느 날, 혼자 전시회를 보러 가야 하는 상황이 되었다. 서울로 가야 하는데 혼자였다. 어쩔 수 없다는 마음으로 다녀왔는데, 생각보다 괜찮았다. 나한테 관심을 갖는 사람은 아무도 없었고, 오히려 나처럼 혼자 다니는 사람들이 종종 있었다.

　'어려운 일 아니네, 별거 아니야.'

　그 후로도 서울을 몇 번 혼자 다녀왔는데, 그때마다 연습하는 거라고 생각했다. 한편으론 자유로움이 좋았다.

　나 홀로 여행은 나 스스로를 믿고 의지해야 하는 여행이다. 여기에는 분명 나를 찾고 알아가는 과정이 있다. 나에 대해 조금 더 깊이 생각해 볼 수 있는 기회가 된다. 무엇보다 여행의 시작과 끝을 오로지 나만을 위해서 계획한다. 멋지지 않은가? 앞으로도 나는 시간과 여건이 허락하는 한 계속 혼자 여행할 것이다.

여행에 있어서 중요하게 여기는 것이 하나 있다. 바로 잠을 자는 곳이다. 어디를 가든지 잠자리가 편한지, 편의시설이 잘되어 있는지를 꼼꼼하게 따져봐야 한다. 숙소가 불편하면 여행이 불편해질 수도 있다. 아무래도 분위기 있고 편한 호텔도 좋지만, 나는 게스트하우스를 더 찾는 편이다. 가격이 저렴하다는 것도 있지만, 다양한 사람들을 만날 수 있기 때문이다.

여수 여행 때 있었던 일이다. 오후쯤에 도착해서 간단히 점심을 해결하고 숙소로 향했다. 체크인을 하고 나만의 시간을 가졌다. 책도 읽고, 사진도 찍고, 동네 골목을 산책하기도 했다.

밤바다를 보고 돌아왔는데, 그 사이 다른 사람이 와 있었다. 잠시 웃음으로 어색한 눈인사를 한 후, 우리는 대화를 시작했다.

"어디서 오셨어요?"

"저는 화성이요. 여수가 생각보다 먼 것 같아요."

"맞아요. 저는 여기 아는 사람이 있어서, 숙소만 정하고 같이 관광하기로 했어요."

"와, 그렇군요. 저는 밤바다 보고 왔는데, 꼭 보세요."

"네. 저도 지금 거기 가려고 해요."

"잘 다녀오세요."

그 사람을 보낸 후, 정리를 하고 잠자리에 들려는 찰나, 또 다른 두 명이 들어왔다. 다시 대화를 나누었다.

"안녕하세요."

"놀라셨죠? 미안해요."

"아니에요, 괜찮아요."

"여수 어디 어디 다녔어요?"

"저는 밤바다 야경 봤어요."

"저희는 내일 가려고 하는데, 괜찮아요?"

"네, 정말 멋져요."

이처럼 게스트하우스에서 만난 사람들과 나누는 이야기는 어색하면서도 재미있다. 제주도에서는 또 다른 만남을 경험을 했다. 오랫동안 꿈꾸며 준비했던 나 홀로 제주도 여행, 하지만 기대한 것에 비해 다소 힘들기도 했다. 한 시간이나 기다려 버스를 타기도 했고, 택시비로 3만 원을 지출하기도 했다. 숙소에는 늦게 도착해 저녁도 먹지 못했다. 아쉬운 대로 과자를 먹고 있었는데, 한 사람이 들어왔다. 눈인사 정도로만 끝내려고 했는데, 그 사람이 먼저 말을 걸었다.

"안녕하세요. 혹시 저녁 드셨어요?"

"아, 아니요. 시간이 애매해서 못 먹었어요."

"그럼 나가서 같이 먹을래요?"

"네."

우리는 처음 만났지만, 밥을 먹으면서 각자의 인생을 나누었다. 그녀는 서울에 살고 있고, 디자인 일을 하고 있단다. 잠시 쉼을 갖고자 여행을 왔다고 한다. 한눈에 봐도 서울 사람인 느낌이 들었다. 세련된 이미지가 강했고, 그 모습이 예뻐 보였다. 우리는 다양한 이야기를 나누었고, 여행이 끝나도 연락하자며 전화번호를 주고받았다.

몇 번의 연락을 주고받다가 끊겼지만, 참 신기한 일이었다. 여행에서 처음 만난 사람과 밥을 먹고 이야기를 나누며, 잠깐이었지만 연락을 주고받았다. 나는 낯가림이 있어서 모르는 사람하고는 말을 잘 못하는 편이다. 무슨 말을 해야 할지도 모르겠다. 어색함 그 자체이다. 하지만 여행을 다니면서 조금씩 변화되어 가는 것 같다. 앞으로도 어디에서든 짧게나마 만나게 된 사람들에게 인사하는 법을 놓치지 말아야겠다.

운동 중에서 가장 쉽게, 언제 어디서나, 누구든지 할 수 있는 운동, 특별한 장비나 경제적인 투자 없이도 할 수 있는 운동이 있다. 바로 걷기 운동이다. 평소에 일과를 마치고 운동을 하려면 시간을 투자해야 한다. 지친 몸을 이끌고 헬스장까지 가야 한다. 때로는 귀찮을 때도 있고, 핑계를 대고 빠지는 경우도 있다. 하지만 걷기 운동은 시간을 따로 두지 않아도 되고, 비용이 없어도 된다. 그래서 나는 가까운 층수는 계단을 이용해서 운동 삼아 걸어 다닌다. 산책도 좋아한다. 산책을 하면 음악을 벗 삼아 어디든지 걷고 또 걸을 수 있다.

조금은 덥지만, 햇빛은 별로 없는 어느 날이었다. 문득 걷고 싶다는 생각이 들었다. 편한 복장을 하고서는 집을 나섰다. 그야말로 '동네 산책'이다. 천천히 걸으면서 스치는 풍경들을 감상한다. 시원한 바람, 나무와 꽃들, 건물들, 그리고 내가 좋아하는 하늘을 마음속에 간직한다.

사람들을 본다. 귀에 이어폰을 꽂고는 핸드폰에만 집중하며 걷는 사람, 나처럼 운동하는 사람, 어딘가를 바쁘게 걸어가는 사람, 참으로 많은 사람들을 마주칠 수 있었다.

'모두 다 비슷하게 살아가고 있구나.'

'어쩌면, 무엇인가에 너무 쫓기며 살아가는 것은 아닐까?'

분주한 일상 속에서 우리는 잠시나마 머리를 쉬게 할 필요가 있다. 걷는 것을 통해 지친 마음과 몸을 재정비할 필요가 있다. 사람마다 방법이 다르겠지만, 나는 산책—걷기 운동을 하는 것이 좋다고 말하고 싶다. 학교에서나 회사에서, 그저 의자에 앉아 머리를 쓰는 행위는 너무 어렵고 힘들다. 그보다는 초록색 나무에서 나오는 피톤치드와 상쾌한 바람을 맞아보자. 그만큼 또 다른 긍정적인 아이디어가 떠오를 수 있다.

멀리 가지 않아도 된다. 주변에서 얼마든지 할 수 있다. 가끔은 자연의 아름다움을 느끼면서 산책을 해보자. 물론 건강에도 도움이 된다.

바로 지금, 가볍게 여행한다는 마음으로 동네를 한 바퀴 돌아보는 것은 어떨까?

Part 8

THE GREATEST MESSENGER

커피 향 같은 사람을 부르는
달콤살롱한 홈카페 Barista

_박설희

박설희

저자는 어디를 둘러봐도 당신 옆에 있을 법한 30대 평범한 여성으로, 아버지의 영향을 받아
어려서부터 창업을 꿈꿨다. 대학 졸업 후 창업컨설팅 회사에서 6개월 동안 잠시 일을 하다,
전공을 살려 광고대행사 마케팅 기획부서에서 (유)바이어스도르프 니베아, 니베아맨, 유세
린, (주)롯데푸드, 파스퇴르, (주)한국멘소래담 등의 BTL 마케팅 기획을 하는 마케터로 3년
간 일했다. BTL 마케팅(TV, 라디오, 인쇄, 옥외 등 주요 4대 매체를 제외한 모든 마케팅)에 책
임감과 소신을 가진 마케터로서, 구체적인 타깃을 정하여 브랜드와 제품에 참여시키는 등 체
험을 이끌어 내며 그들과 소통하였다.

기업 페이스북을 운영하면서 특유의 공감능력으로 소비자와의 소통을 활발히 하였으며, 예
리한 통찰력으로 광고주와 소비자의 needs를 동시에 생각하여 최고의, 최선의 기획력을 인정
받았고, 그 결과 유세린을 한국에 론칭하는 데 성공할 수 있었다.

모든 열정을 쏟아부었던 첫 직장이었지만, 열정 페이로 인해 월급은 고사하고 빚만 떠안은
채 퇴사를 결심하게 되었다. 경제적으로는 창업의 꿈과 멀어졌다고 생각했지만 이내 내면의
숨겨진 힘을 믿고 저자는 다시 일어섰다. 위기는 기회라는 믿음을 가지고 6개월간 제과와 커
피 공부를 하며 바리스타로 첫 발을 내디뎠고, 2~3년간 바리스타로 일을 하였다. 그러던 중
자신의 신념과 실패의 경험을 담은 공저 『가장 위대한 메신저』의 저자로 참여하게 되었다. 디
저트카페 창업의 꿈을 이루기 위해 한 걸음 한 걸음, 느리지만 끊임없이 커리어를 쌓고 있는
저자, 외부에 흔들리지 않고 내면의 힘을 믿는 저자의 앞으로의 행보가 기대된다.

---

* INSTAGRAM : @p.daisy57
* E-MAIL : pshelley57@naver.com
* BLOG : https://blog.naver.com/pshelley57

네가 오후 4시에 온다면
난 3시부터
행복해
여행을 하지 않고도 행복해지는 비결

"당신이 얼마나 먼 곳을 여행하는지는 중요하지 않다. 보통은 멀리 여행할수록 결과는 나쁘다. 그보다는 당신이 얼마나 많은 것을 알아차리는지가 중요하다."

_ 헨리 데이비드 소로

사람들은 여행을 좋아한다. 여행은 왜 하는 걸까? 아마도 새로운 경험을 통해 새로운 시각을 얻을 수 있기 때문일 것이다. 그런 점에서 보면 반려견과 함께 사는 일 또한 여행과 같다. 반려견을 통해 새로운 경험을 얻을 수 있기 때문이다.

"언니, 코코는 잘 지내? 보고 싶다."

"응, 잘 지내지! 진짜 너무 귀여워. 얼마 전에 내가 여행 가려고 캐리어에 짐을 싸고 있었는데, 그 안에 들어가서 자고 있는 거야. 그리고 어제는 말이야 ……."

"언니! 언니는 정말 코코 얘기할 때 제일 행복해 보인다니까."

행복해 보인다는 말, 너무 오랜만에 들었다. 오랜만에 만난 동생과의 대화 중 행복이라는 단어에 나도 모르게 움찔했다. 최근 몇 년 사이 일과 연애에서 실패한 후로는 행복하게 지낸다는 생각을 못 했던 것 같다. 그냥 하루하루를 무난하게 지낸다고 생각했다. 그런데 행복해 보인다는 말에 갑자기 행복해지는 것 같아, 나 자신을 돌아보게 되었다. 그러자 코코를 생각하며 주체할 수 없는 행복감으로 가득 차 있는 나를 발견했다. 미처 보지 못했던 내 모습이었다. 나를 행복하게 해주는 존재가 있었던 것이다.

'아, 그와 함께 지내고 있는 나는 정말 행복한 사람이구나!'

그뿐 아니다. 코코와 함께하는 동안 코코가 주는 사랑으로 인해 나는 변하고 있었다.

나는 부지런해졌다.

내 방은 안 치워도 코코의 배변패드 주위는 수시로 살피고 치워준다. 코코는 배변 훈련이 비교적 잘 되어 있었지만, 그렇다고 배변패드의 위치까지 일일이 조정해 줄 수는 없는 노릇이었다. 배변패드 주변엔 항상 소변이 흘러있다. 그러다 보니 퇴근하면 제일 먼저 코코를 살피는 버릇이 생겼다. 코코의 물과 사료, 배변패드를 확인한다. 내 방은 걸레질 한 번 제대로 하지 않으면서 말이다. 코코는 집에만 오면 내 몸 하나 건사하지 못하고 처져버리는 나를 일어서게 해 준다. 나의 게으름을 이기게 해 주는 아이다. 참 대단한 아이다.

나는 지금까지 내 몸을 위한 산책은 해본 적이 없다. 하지만 지금은 코코의 행복을 위해 산책을 한다. 변해도 너무 변했다. 내 몸 여기저기 냄새를 맡으며 행복해하는 코코를 보면 나도 행복하다.

부자가 되겠다는 결심을 했다.

다행히 지금까지는 코코가 크게 아팠던 적이 없었다. 하지만 예방접종, 정기검진, 그 외 크고 작은 사건들로 병원을 다닐 때마다 생각지 못한 지출들이 생겼다. 게다가 배변패드, 사료, 간식 등 은근히 돈 쓸 일이 많다. 가족들과 부담을 나누어지기도 했지만, 경제적으로 어려워진 나로서는 부담이 되었다. 코코를 병원에 데리고 갔을 때 난 결심했다. 대신 아파줄 수는 없지만 적어도 돈이 없어서 너의 아픔을 책임지지 못하는 일은 없게 하겠다고 말이다. 그때부터 코코는 '우리 집 반려견'(박코코)에서 '나의 반려견'(설코코)이 되었다. 당연히 책임감이 생겼다.

진정한 배려를 배운다.

우리가 함께 지낸 지 4년, 처음엔 코코가 왜 짖는지, 왜 옆에 와서 낑낑거리는지, 세수를 하면 왜 옆에서 튀기는 물을 받아 마시는지 의문이었다. 그저 마냥 귀엽기만 했다. 하지만 말을 할 수 없는 코코는 온갖 행동과 울음으로 의사표현을 한다는 것을 알았다. 그때부터 내 입장에서 "왜 그러는 거야?" 하고 묻는 대신, 코코의 입장에서 '왜 그런 행동을 하는지'를 살펴보고 관찰했다. 그럼으로써 진정 이해하는 마음을 갖게 되었다.

"놀고 싶어 그랬구나."

"아파서 그랬구나."

"목이 말랐구나."

내 입장이 아닌 상대방의 입장에서 생각하고 이해할 때야만 진정한 배려를 할 수 있다는 걸 코코를 통해 나는 깨달았다.

사랑과 위로를 얻었다.

코코와 함께한 4년 동안, 나에게는 수많은 일들이 일어났다.

어려움도 많았다. 하지만 그 많은 어려움 속에서도 코코는 한결같이 내 옆에 있어주었다. 묵묵히 옆에서 그 자리를 지켜주었다. 한결같은 마음으로 나를 대해주는 코코라는 존재 자체가 나에게는 커다란 위로가 되었다. 아무 말 없이 나를 바라보며, 때로는 애교까지 부려가며 코코는 나에게 활기를 불어넣어 주었다. 덕분에 나는 무너지지 않았다.

"여행은 경치를 보는 것 이상이다. 여행은 깊고 변함없이 흘러가는 생활에 대한 생각의 변화이다."
_ 미리엄 브레드

사랑하는 마음을 가졌을 뿐인데 게을렀던 내가 부지런해지고, 책임감이 생기고, 진정한 배려를 깨닫고, 또 더 큰 사랑을 받았다. 생활은 똑같이 흘러갔지만, 생각은 변화를 일으킨 것이다. 코코와 함께했기 때문이다. 덕분에 전에는 느낄 수 없었던 행복을 하루하루 섬세하게 느끼며 지낸다. 굳이 멀리 여행을 가지 않아도 반려견 코코와 함께하는 일상이 나에게는 여행이 된다. 코코 덕분에 평범한 일상이 찬란해졌다.

"언니 도착했어? 너무 피곤하다. 오늘은 빨리 자야겠어."

"응응, 나는 코코랑 산책 중."

"진짜 주인 잘 만났어! 코코는 행복하겠다."

하지만 동생의 문자를 읽으며 나는 생각했다.

'행복은 무슨 ……. 매일 산책 못해서 미안할 따름이지.'

어떤 광고를 보면, 반려견이 혼자 집에 앉아 있는 모습이 나온다. 현관문이 열리고 자기를 사랑하는 주인이 들어오는 것을 하루 종일 머릿속에 그리는 모습이다. 반려견은 정말 그렇게 한다. 반려견에겐 반려인이 전부다. 반려인을 통해서만 세상을 보기 때문이다. 그래서 반려인은 반려견에게 곧 우주다.

하지만 반려인 역시 반려견을 통해 세상을 보게 된다. 나는 코코를 통해 세상을 다시 보았고, 나 자신을 돌아보았다. 코코에게 나는 한없이 부족한 반려인이겠지만, 나로서는 가장 좋은 친구이고 또 가족이고 싶다.

적어도 혼자 기다리게 하진 않겠다고 약속한다. 밖에 나가있으면 항상 코코를 생각한다. 뭐하고 있을지, 밥은 먹었는지, 심심하지는 않을지 …….

오늘도 빨리 퇴근해서 보고 싶다.

"가령, 네가 오후 네 시에 온다면 난 세 시부터 벌써 행복해지기 시작할 거야. 시간이 가면 갈수록 난 더 행복해질 거야."

_ 『어린왕자』

스타벅스보다
힙한
홈카페의 비밀
사랑하는 사람들과 함께할 수 있는 집 속의 작은 카페 만들기

어렸을 때부터 하고 싶은 사업이 하나 있다. 지금도 나는 하고 싶은 일을 하지만, 마음 한편에는 어렸을 때부터 줄곧 꿈꿔왔던 일이 자리 잡고 있다. 그것은 바로 디저트 카페를 여는 것이다. 가끔 주변에 보면 "이놈의 회사 때려치우고 카페나 차려야지!" 하고 홧김에 말하는 사람들이 있다. 그런 사람들을 보면 나의 꿈이 함부로 다뤄지는 것 같아 살짝 기분이 나쁘지만, 어떻게 보면 카페가 그들 모두에게도 로망일 수가 있겠다 하는 생각이 들기도 한다.

어디선가 이런 이야기를 들었다.

"지금 행복해야 한다.

나중에 힘들 땐 또 행복해지면 된다.
지금 실컷 행복해라."

그래서 나는 당장 행복해지기로 결심했다. "돈이 없잖아. 나중에 돈 모으면 그때 해야지."라는 핑계는 그만 대기로 했다. 지금은 지금 할 수 있는 일을 하면 된다. 그래서 당장 '나만의 홈 카페'를 만들었다. 그리고 모두의 로망을 위한 메신저가 되기로 했다.

난 카페에 오는 사람들이 좋다. 바쁜 일상을 살면서 더 열심히 살기도 하고 또 그 속에서 여유를 갖는 사람들이 멋있어 보인다. 친구들과 이야기하는 사람, 공부하는 사람, 글을 쓰는 사람, 그림 그리는 사람, 미팅을 하는 사람, 혼자만의 여유를 즐기는 사람, 책 읽는 사람, 사색하는 사람 ……, 참으로 많은 사람들이 카페를 찾는다.

스웨덴에는 '피카 타임'이라는 게 있다. 일상 속에서 언제 누구와도 즐길 수 있는 커피&브레드 타임이다. 그들에겐 피카 타임 자체가 일상이라고 한다. 아무리 바빠도 서로 간의 소통, 혹은 자신과의 대화는 필요하기 때문이다. 그런데 그것이 커피 한 잔으로 가능하다니, 이것이 바로 내가 카페를 하고 싶은 이유이다.

"무엇보다 중요한 핵심은 피카가 일상에서 벗어나 잠시 숨을 돌리는 시간이라는 것이다. 바쁜 중에도 짬을 내어 커피 한잔하는 여유를 즐기는 것. 작가이자 셰프인 시니 요한슨은 저서 『하우 투 휘게』를 통해 이런 특징을 '건강한 쾌락주의'라고 표현한다. 적당히 즐기는 것은 건강한 라이프스타일의 필수 요소라는 것이다. 입에 착 붙는 맛 좋은 음식도 라곰하게, 술도 라곰하게 즐기자."

_ 안나 브론스, 『라곰 라이프』

('라곰'(lagom)은 '딱 맞게, 충분히, 적당히'라는 뜻의 스웨덴어이다.)

그래서 나는 디저트제과&커피를 배우고, 카페에서도 2~3년 일을 했다. 아직은 창업비가 없다는 이유로 일만 하고 있지만, 언젠가는 내 카페를 차릴 것이다. 하지만 내가 꼭 매장을 가지고 있어야만 행복한 것은 아니었다. 한 번은 엄마와 동생이 "바리스타가 타주는 커피 한잔 마셔보자."며 농담을 했는데, 순간 "이거다!" 싶은 마음이 들었다.

나는 그동안 쌓아둔 노하우를 발휘하여 '가족을 위한 홈 카페'를 만들었다. 우리 집 피카 타임이 형성된 것이다. 이야기가 많아졌고, 웃음이 꽃 폈다.

이 기회에 바리스타가 알려주는, 머신 없이 누구나 쉽게 만들 수 있는 레시피로 스타벅스보다 힙한 홈 카페의 비밀을 들여다보자.

자몽청 만들기

———

1. 병을 열탕으로 소독하여 자연 건조한다.

2. 자몽을 깨끗하게 씻는다.

3. 껍질을 벗기고, 과육만 따로 분리한다.

4. 분리된 과육을 건조한 병에 담는다.

5. 설탕을 붓는다. (1:1 또는 1:0.8 비율로)

6. 물을 넣어 차로 마시거나, 탄산수를 넣어 에이드를 만들어 마신다.

레몬청 만들기

—

1. 준비된 병을 열탕 소독한다. (곰팡이 예방)

2. 레몬을 깨끗하게 씻는다. (껍질째 들어가기 때문에 필수)

(베이킹파우더는 살균 효과가 없다고 한다. 그보다는 칼슘 파우더가 믿

을 만하다.)

3. 레몬을 동그랗게 슬라이스한다.

(너무 얇지도 두껍지도 않게)

4. 레몬 씨를 제거한다. (쓰고 떫은맛 제거)

5. 슬라이스 한 레몬을 준비된 설탕에 골고루 발라 병에 넣는

다. (레몬:설탕=1:0.8)

6. 남은 설탕을 병에 붓는다.

7. 남은 0.2 비율은 올리고당을 넣는다. (숙성을 도와줌)

8. 냉장고에서 천천히 숙성한다.

(보관 방법에 따라 다르지만, 약 1개월 보관 가능)

9. 물을 넣어 레몬 티로, 탄산수를 넣어 에이드로 즐긴다.

(기호에 따라 레몬주스를 첨가하면 더 상큼하게 즐길 수 있음)

아이스 카푸치노 (머신 없이 에스프레소 만들기)

———

1. 카누 1~2개 정도를 뜨거운 물(40ml)로 녹인다.

2. 얼음을 7~10개를 잔에 넣는다.

3. 우유를 잔의 60%까지 채운다.

4. 만들어 둔 에스프레소를 붓는다.

5. 프렌치프레스를 이용하여 우유 거품을 만들어 잔에 따른다.

6. 취향에 따라 시나몬 가루를 뿌려준 후 즐긴다.

오늘,
당신의 날씨는
어떠한가요?
행복을 가로막는 얽매임에서 벗어나는 방법

"어머! 이건 언제부터 올이 나가 있었지?"

"립스틱이 왜 이래! 누가 본 건 아니겠지? 언제부터 묻어 있었지?"

우리는 종종 지나간 과거에 얽매인다. 하루 종일 놀다 왔는데 스타킹에 올이 나가 있을 때, 혹은 립스틱이 이에 묻어 있을 때, 이런 경우 우리는 언제부터 이랬는지 혹 상대가 보진 않았는지 걱정하며 얼굴을 붉힌다. 좋아하는 사람에게 고백했는데 반응이 없을 때나 누군가에게 말실수를 했을 때는 "내가 왜 그랬지!" 하면서, 후회와 창피함에 이불만 걷어차기도 한다. 어느 날인가는 아침에 헤어스타일이 마음에 들지 않아서 하루 종일 신경을 쓴 적도 있다. 너무 부스스하지는 않은지, 눌리지는 않았는지 온통 신경이 쓰여 아무 일도 집중하지 못했었다.

8년 전 케냐에 봉사활동을 갔을 때였다. 봉사단 40여 명 되는 친구들과 1년을 보냈는데, 그중 한 친구가 유독 과거에 얽매이는 모습을 보였다. 어떤 일에든지 감정에 얽매여서 도무지 일에 집중하지 못하는 친구였다. 그 친구는 본인이 한 행동에 대해서 항상 주변 사람들에게 물으며 곱씹고 또 곱씹었다.

"내가 너무 심했지? 상대방이 상처받지 않았을까? 아, 그렇게 말하지 말 걸 ……."

그런데 그 친구만이 아니었다. 그보다는 덜하지만, 과거에 매이는 사람들은 의외로 많았다. 그래서 우리는 장난삼아 '매1, 매2, 매3 ……' 하며 그들을 부르곤 했다.

그 후로 나는 얽매이는 감정에 대해 관심을 갖게 되었다. 누구라도 매이는 경험을 해봤겠지만, 일단 매이게 되면 현재에 집중하지 못하고 앞으로 나아가지 못한다. 또 감정적으로 심하게 힘들어하며, 감정을 부정적으로 소비한다.

과거 회사생활을 했을 때, 회사가 성장하면 직원 모두가 사장이 될 수 있다는 이야기를 듣고 비전을 키웠었다. 그래서 정말 열심히 일했다. 주말 반납도 기본이었다. 남들 놀 때 일하면 내 능력이 올라가서, 승진을 하든 이직을 하든 적어도 월급은 올라가겠거니 생각했다. 그렇게 사회생활은 의리로 하는 건 줄 알았다. 그러다 회사가 어려워졌고, 월급이 밀렸다. 그래도 참고 일하면 다 받을 줄 알았다. 순진했다. 그렇게 급여도 못 받고, 설상가상으로 빌려준 돈까지 못 받아 빚쟁이가 되었지만, 이러지도 저러지도 못했다. 나는 돈에 매여 버렸다.

연애할 때는 데이트 폭력을 경험했다. 요즘에는 사회적 이슈가 되기도 했지만, 당시에는 어떻게 해야 할지 몰랐다. 정말 어려웠던 건, 그 와중에도 나는 좋아하는 감정에 얽매여 있었다는 것이다. 그랬기 때문에 그 상황에서 벗어나는 게 더욱더 쉽지 않았다. 이처럼 우리는 지나간 과거뿐 아니라 어떤 물질과 감정에도 얽매이게 된다.

이렇게 얽매여 있을 때 우리의 모습과 행동은 어떠한가? 십중팔구는 이러지도 저러지도 못하고 그 자리에 머물러 있게 될 것이다. 감정으로 말하면 '마이너스 감정'이다. 아무것도 하지 못하고, 아무 일에도 집중하지 못하여 미래로 나아가지 못한다. 얽매인다는 것은 바로 그런 것이다.

그러면 우린 왜 이렇게 얽매이는 것일까?

아마도 너무 완벽하려고 하기 때문일 것이다. 완벽해야 한다는 강박도 사실은 어떤 것에 매인다는 것이다. 우리는 많은 면에서 자기 자신을 완벽이라는 잣대로 비교하고 평가한다. "나는 좋은 회사에서 월급 꼬박꼬박 받으며 잘 살고 있어! 나의 연애는 완벽해야 해! 내 감정은 완벽하단 말이야!" 그런가 하면 완벽의 잣대를 지극히 사소한 것에 들이대기도 한다. "스타킹 올이, 립스틱이 나의 하루에 오점을 남기다니, 오늘 헤어스타일만 잘 됐어도 완벽했는데 ……." 이런 것들은 지나고 나면 내가 왜 이불을 걷어찼는지 기억도 나지 않는 것들이다. 지극히 작은 일, 하나도 중요하지 않은 일이기 때문이다. 다시 말해, 우리는 작은 모습들까지 완벽하게 하려고 한다. 나의 부족한 모습은 아주 작은 부분이라도 인정하고 싶지 않은 것이다. 결국, 그러한 감정에 자꾸 얽매여 미래를 향해 한 발짝도 나가지 못하게 된다. 우리의 미래까지 얽매이게 되는 것이다.

그렇다면 우리는 어떻게 얽매임에서 벗어날 수 있을까?

답은 의외로 간단하다. '완벽하겠다'는 생각을 버리면 된다. '나는 완벽할 수 없다는 것'을 인정하는 것이다. 우리는 누구나 사람이 완벽하지 않다는 사실을 잘 안다. 하지만, 타인에 대해서는 곧잘 인정하다가도 자신의 문제에만 들어오면 잘 인정되지가 않는다. 이제부터는 진짜 나의 모습, 있는 그대로의 모습을 발견해 보자. 그러면 완벽이라는 강박에서 조금은 자유로워질 수 있을 것이다. 실수가 생긴다면 한 템포 쉬어보자. 심호흡을 크게 한 번 하고, 거기서 생각을 끊어보자. 한 템포 쉬고 다시 나아가는 것이다. 완벽을 추구하는 마음이 잘못됐다는 게 아니다. 완벽만을 추구함으로써 거기에 매이고 발전을 멈추는 일이 위험하다는 것이다. 그러므로 나를 내려놓는 훈련은 앞으로 나아가는 데 많은 도움을 줄 것이다.

둘째, 감정에 취하면 안 된다. 나는 감정에 매이는 것이 가장 어려운 문제라고 생각한다. 감정에 매이면 상황을 객관적으로 판단할 수가 없다. 나 역시 데이트 폭력이 잘못됐다는 것을 당연히 알고 있었지만, 좋아하는 감정에 사로잡혀 상대방이 용서를 구하면 쉽게 용서해 주었다. 실수였을 거라고 스스로 타협을 하기도 했다. 이럴 땐 한발 물러나야 한다. 내가 한발 물러나서 상황을 관찰하는 제3자의 입장이 되어보는 것이다. 그래야 나의 상황을 객관적으로 볼 수 있다. 내 친한 친구가 겪은 일이라고 생각해 보면 좋다. 그러면 누구보다 똑 부러지게 상황을 정리해 줄 수 있을 것이다. 그 친구에게 무슨 말을 해 주어야 할지, 어떤 위로를 하며, 어떤 해결책을 제시해줄지 생각해 보라. 그리고 그것을 자기 자신에게 적용해 보라. 그러면 스스로 상처를 치유할 수 있는 힘이 생길 것이다.

마지막으로, 인생 전체를 놓고 보도록 하자. 인생 전체를 놓고 봤을 때 그깟 스타킹 올 나간 게 그렇게 중요할까? 헤어스타일이, 돈이 과연 현재에 집중하지 못할 만큼 중요한 일일까? 내 인생 전체를 놓고 본다면 내가 지금 무엇에 매여 있는지, 그것 때문에 놓치고 있는 것이 무엇인지가 명확하게 보일 것이다. 원래 나에게 일어난 일은 가시 바늘에만 찔려도 커다란 일이 되는 법이다. 하지만 인생 전체를 갖다 놓고 본다면, 가시 바늘에 찔린 것은 그리 호들갑을 떨 일이 아니다. 그러므로 이렇게 생각해 보자. '내 인생에서 그게 얼마나 큰일이겠어?'

우리는 지나온 과거 또는 미래에 얽매여서 현재를 온전히 볼 수 없음을 수없이 경험했다. 얽매인다는 것은 현재를 즐길 수도 없으며 앞으로 나아가지도 못한다는 것이다. 얽매임은 나를 어떤 순간이나 감정에 머물러 있게만 할 뿐, 어제보다 나은 오늘을 살게 하거나 더 나은 미래로 이끌어주지 못한다.

"과거에서 배움을 얻지 못하면 과거를 보내기는 쉽지 않다.
배움을 얻고 과거를 보내는 순간 우리의 현재는 더 나아진다."
_ 스펜서 존슨, 『선물』

이제 과거의 매임에서 벗어나기를, 그리고 미래의 매임에서도 자유롭게 되기를!

내일은 어제보다 더 나은 내가 되어있음을 확신하며 오늘도 하루를 시작해 본다.

지금 하지 않으면
언제
할 수 있겠어?
소심한 사람이 두려움을 극복하는 방법

"어차피 해도 문제가 있고 안 해도 문제가 있는 거면 하는 게 맞아요. 왜냐하면 안 하는 건 포기지만 하는 건 시도잖아요. 난 시도가 인생의 시작이라고 생각해요."

_드라마 〈네 멋대로 해라〉

한 번 생각해 보자. 지난 1년간 '나'를 위해 한 일이 있었는가? 나 자신을 위해 뭔가를 해본 적이 있었는가? 만약 없었다면 아무런 도전도 하지 않고 살았다는 얘기다. 우리는 왜 도전을 하지 않을까? 그것은 두려움 때문이다. 두려움이 우리가 하고자 하는 일을 방해하는 것이다.

"도전!" 생각해 보라. 이 얼마나 설레는 말인가? 새로운 무언가를 시도한다는 건 나에게 굉장한 즐거움이다. 물론 마냥 즐겁기만 한 것은 아니다. 나는 꽤 겁이 많은 편이기 때문에, 도전하려는 일 앞에서 늘 멈칫한다. 그럼에도 불구하고 나는 도전한다. 겁이 많아도 무조건 도전한다.

나의 도전은 혼자서 무언가를 해보는 것에서 시작했다. 혼자 밥 먹기, 혼자 영화 보기, 혼자 여행 가기 등등. 난 동생들이 있어서 그런지, 혼자서 무얼 해본 경험이 별로 없다. 타인의 시선이 두렵기도 하고, 해보지 않은 것들에 대한 낯섦이 느껴져 혼자 하는 걸 싫어한다. 그러던 어느 날, 문득 이런 생각이 들었다.

'혼자 여행을 하면 어떤 느낌일까? 그 느낌, 한 번 느껴보고 싶은데?'

나는 주저하지 않고 표부터 끊었다. 사람이든 장소든 낯을 가리는 내가 과연 성공할 수 있을지 걱정도 되었지만, 일단 무조건 짐을 꾸렸다. 나 홀로 여행, 드디어 내 생애 첫 도전이 시작된 것이다.

그 도전은 여행 하나로 끝나지 않았다. 그 여행에서 또 다른 도전이 시작되었으니, 바로 스쿠버다이빙이다.

"혹시 이거 실패한 사람도 있어요?"

"간혹 있죠! 물을 무서워하는 사람? 뭐, 물에 빠져 죽을 뻔했다거나, 그런 경우에는 중도 포기하는 경우도 있어요."

"아……."

나는 "물에 빠져 죽을 뻔했다거나……" 하는 말에서 움찔했다. 어릴 때 저수지에서 비슷한 경험을 했기 때문이다.

'그래도 물을 좋아하니까 괜찮겠지. 그래, 괜찮을 거야!'

나는 애써 긍정적인 생각을 하며 이론 교육을 받았다. 어릴 때 죽을 뻔했던 경험은 강사에게 말하지 않았다. 말하면 괜히 실패할 것 같았다. 실패해도 타당한 이유가 생길 것 같았다.

"보셨죠? '습! 하~ 습! 하~' 공기 중에서 숨 쉬는 것처럼, 이걸 끼고 물속에서도 똑같이 하면 됩니다."

"네. 습! 하~ 습! 하~"

"자, 준비되셨나요?"

"네!"

하지만 이게 웬걸? 물속에 들어가자 머릿속이 새하얘졌다. 교육받은 내용이 하나도 기억나지 않았다.

'가만, 내가 땅에서 어떻게 숨을 쉬었더라?'

갑자기 숨이 막혀왔다. 숨이 하나도 쉬어지지 않았다. 죽을 것 같았다.

결국 기겁하며 물 밖으로 나왔다. 강사도 놀랐다.

"괜찮아요?"

"예, 괜찮아요. 헉헉!"

나는 애써 웃음을 지으며, 아무것도 아니라는 듯이 이것저것 질문을 했다. 나의 도전이 이렇게 끝날 수는 없었다. 나는 강사를 믿고 다시 한 번 도전했다.

2차 시도.

'와~!'

배운 대로 호흡을 하며 천천히 물질을 하자 새로운 세계가 들어왔다. 바다는 진짜 깊고 넓었다. 다른 세계가 보였다.

"때때론 두려움을 이겨내야 다른 쪽의 아름다움을 볼 수 있단다."

_ 영화 〈굿 다이노〉

그렇다. 도전하지 않았다면 절대 볼 수 없었을 세계였다. 죽을 때까지 보지 못했을 수도 있었다. 인생이란 그런 것이다. 도전을 하다 보면 한계에 부딪히기도 하고, 또 그 한계를 극복하기도 한다. 하지만 분명한 건 한계를 넘어야만 새로운 세계가 열린다는 것이다. 그리고 그것이 우리의 인생을 풍요롭게 해 준다. 우리는 누구나 더 아름다운 세계를 볼 자격이 있다.

나는 가끔 친구들에게 듣는다. 너처럼 겁이 많은 애가 어떻게 그런 것을 했냐고 말이다. 그러면 나는 의외로 간단하다고 대답한다. 자, 지금부터 그 대답을 말해주겠다.

"네가 간절히 원한다면 넌 할 수 있어.
하지만 넌 하고 또 해야 해.
그럼 넌 마침내 할 수 있어."
_ 디즈니 만화영화 〈인어공주〉

첫째, 내면의 소리에 귀를 기울인다.

우리는 타인의 시선에, 평가에, 그 기대에 나를 맞춰갈 때가 많다. 하지만 가장 중요한 것은 나의 행복과 내가 하고 싶은 일이어야 한다. 잠시 타인의 시선에서 벗어나 나의 내면을 들여다보자. 내가 정말 하고 싶은 일이 있다면 작은 것부터 하나하나 적어보자. 그러면 진짜 자유가 찾아올 것이다.

"시간이나 회사(사회)에 상관없이 [그럼 뭘 먹을까?] 극심한 공복이 찾아왔을 때 츠카노마 그는 자기 멋대로 자유로워진다. [조바심 내지 마. 난 배가 고픈 것뿐이야!] 누구에게도 방해받지 않고 먹고 싶은 것을 먹는 자신에게 주는 포상, 이 행위야말로 현대 사회인에게 평등하게 주어진 최고의 치유라고 할 수 있다."

_ 일본 드라마 〈고독한 미식가〉

둘째, 두려움을 두려움으로 두지 않는다.

두려운 마음은 보통 그 행동을 했을 때 일어날 미래에 대한 부정적인 예측에서 시작된다. 하지만 그러한 예측은 끝이 없는 법이다. 부정적인 생각은 꼬리에 꼬리를 물어 걷잡을 수없이 커지게 된다. 그러므로 두려움을 긍정 안으로 끌어와야 한다. 두려움에 떨고 있느니, 도전을 통해 얻게 될 긍정적인 생각을 해보라. 그렇게 하다 보면 어느새 두려움보다는 설레는 마음이 가득 차는 것을 느끼게 될 것이다.

이제 작은 것부터 시작해 보자. 두려움이 생긴다면 그 두려움을 잠시 끊고, 새로운 세계에 대한 기대감, 설렘, 그리고 도전에 대한 열정으로 바꿔보자. 작은 것부터 하나씩 해 나가다 보면, 두려움을 두려움으로 두지 않고 긍정으로 바꾸는 일은 쉬워진다. 그러면 어느샌가 큰일을 해 내는 나 자신을 발견하게 될 것이다.

"진짜 실패자는 지는 게 두려워서 도전조차 안 하는 사람이야."
_ 영화 〈미스 리틀 선샤인〉

나는 30대지만 아직 처음 해보는 일이 너무 많다. 해보고 싶은 일도 끝이 없다. 하지만 내가 두려워하는 것은 도전을 하다가 잃어버리는 것이 아니다. 하고 싶은 것들을 해보지 못하고 그냥 그렇게 시간들을 흘려보내는 것, 나는 그것이 두렵다. 내면의 소리를 무시하고 타인의 시선에 맞춰서 살아가는 나를 그냥 두는 것, 그것이 두려운 것이다. 그래서 나는 멈추어 있는 삶, 하루하루를 버티기만 하는 삶에서 벗어나고 있다. 그리고 크고 작은 도전들로 내 삶을 채워나가고 있다. 그럴수록 내 삶도 풍요로워짐을 느낀다.

당신도 도전하라! 그러면 지금부터 새로운 인생이 시작될 것이다.

"마코토, 시간은 아무도 기다려주지 않아."
_ 일본 애니메이션 〈시간을 달리는 소녀〉

Part 9

THE GREATEST MESSENGER

1%의 가능성에
99%의 노력을 더하는 우아한 백조

_김윤희

김윤희

경기도 용인 출생으로, 4남매 중 막내딸로 태어났다. 부유하지 못한 가정에서 어릴 때부터 '애어른'으로 불릴 정도로 빠르게 철이 들었던 저자는, 결국 1983년 18살의 어린 나이로 사회생활의 첫발을 떼었다. 첫 직장은 빛고을 광주에 위치한 남도 유일의 호텔인 신양파크 호텔. 이 인연이 계속되어 호텔리어로서 20년, 호텔 관련 경력까지 합치면 30년의 경력을 쌓게 되었다. 풋풋한 20대에 대한민국 최초 여성 호텔 총 지배인이라는 발칙한 꿈을 꾸던 저자는, 그 꿈이 있었기에 계속 전진할 수 있었다고 고백한다. 결국 그녀는 호텔 영업사장직까지 오르면서 평사원 호텔리어의 신화를 이루는 주인공이 되었다.

회사에 다닐 때 사내 닉네임이 'Mrs. FM'일 정도로 자신에게 주어진 일을 철저히 수행했으며, 고객에게 대응하는 처세와 인간관계를 순전히 경험만으로 체득하여 수많은 인맥을 쌓았다. 당시 그녀의 인맥은 연예인 보다 많은 인맥을 갖고 있다 하여, 호텔 업계에선 '난다 김'으로 유명세를 날리기도 했다. 하지만 천부적으로 일에 끼가 많은 것뿐이라고 자신을 겸손히 낮추며, 성격이 내성적이라 부끄럽다고 말하는 저자. 그러면서도 평생 일과 서비스 규칙을 삶의 1순위로 두면서 살아왔음을 가장 자랑스러워한다. 한때는 남도 관광 호텔계의 대모로 불리면서 로비스트의 야망을 꿈꾼 적도 있었지만, 이제는 그보다 지난 30년의 서비스 노하우를 바탕으로 더 많은 사람들의 삶을 변화시켜주겠다는 새로운 꿈을 꾼다. 그 꿈을 위해 책 한 권을 집필하면서 인생의 제2막으로 나아간다. 또한 서비스업을 꿈꾸고 있는 수많은 젊은이들을 위한 인간관계론 강연회도 준비 중이다.

"1%의 가능성이라도 있다면 도전해라. 나중에 행복해지는 것 따위는 없다."
저자가 가장 좋아하는 나폴레옹의 말이며, 저자 자신을 가장 잘 표현한 말이다.
"인생의 주인공은 나! 그것이 바로 나만의 길!"이라고 힘차게 외치는 그녀, 책으로 펼쳐질 그녀만의 인생 2막이 더욱 기대된다.

---

* E-MAIL : 2beauty620@naver.com

한 번 고객을 영원한 고객으로 만드는 비법

마케팅의 중요성을 알게 되었던 것은 30대 중반의 나이였다. 누가 가르쳐주지 않았지만, 호텔리어 생활을 하면서 하나씩 주워 담으며 나만의 방식으로 터득하고 만들어갔다. 말하자면 살아 있는 자산이 생긴 것이다.

두 번째 호텔에 입사했을 때, 나는 일식부 영업 과장이자 홍보실장을 겸임하게 되었다. 당시의 책임은 막중했다. 전 직원이 90명, 적지 않은 숫자였다. 부대시설도 8개의 업장이나 되어, 규모도 있는 호텔이었다. 20대에 이미 특급호텔에서 경력을 쌓았고, 또 일본에서 3년간 일했던 경험이 있기에 이 직위를 얻었지만, 사실 육아휴직으로 멈춰 있었던 공백이 있었기에 나로서는 다시 초심으로 일해야 한다는 긴장감이 있었다.

다행이었던 것은 당시 90년대의 직장 문화 때문이었다. 당시에는 직장인들이 유니폼을 입었고, 제복 왼쪽 가슴에는 상대방이 알아볼 수 있도록 명찰에 직위까지 새겨져 있었다. 마케팅을 해야 하는 나로서는 상대방을 알기에 더없이 좋은 정보였다. 고객을 대할 때 그 명찰을 보면서 상대방을 기억해두고, 직위와 이름을 외우는 습관을 들였다. 처음에는 가볍게 목례만 하고 지나쳐도 두 번째 맞이할 때는 직함과 이름을 대며 친근하게 서빙해 드린다. 당연히 고객들도 흐뭇한 표정을 지어주셨다.

연회가 있을 때는 한 사람도 놓치지 않고 명함을 받는다. 이러한 센스야말로 값진 정보이자 나만의 무기가 되었다. 당시에는 특별한 비즈니스 관계가 아니면 명함을 받는다는 게 쉬운 일이 아니었다. 또 지금처럼 핸드폰이 있는 시기도 아니었기에 연락처를 쉽게 저장할 수도 없었다. 하지만 나는 명함을 꼭 받아서, 한 사람 한 사람 받은 날짜와 개인적인 포인트를 하나씩 메모해 두었다. 그렇게 명함철은 나만의 비밀창고가 되었다. 다음에 같은 고객을 만날 때는 그 비밀창고에서 정보를 하나씩 꺼내온다. 이름과 직위뿐 아니라 그와 연관된 것을 하나씩 말해주면, 상대방은 자기를 기억해주는 센스에 적잖이 놀라면서도 매우 흡족해하였다. 비즈니스 인간 마케팅은 이처럼 상대방의 심리를 알아주는 것이다. 그보다 더 좋은 세일즈는 없다고 생각한다.

적이 어디에 있는지 알아야 적을 공격할 수 있듯이, 상대방의 정보를 알아야만 상품을 팔 수 있는 것이다. 명함은 상대방의 얼굴이므로 매우 소중하다.

어느 날 호텔 11층에서 산업공단 행사를 마치고 내려오는데, 엘리베이터 안에서 고객 한 분이 답례용 우산을 가지고 있는 것을 보았다. 순간 정보를 받아야겠다는 생각이 났다.

"사장님, 저도 우산 하나 주세요."

웃으며 받은 예쁜 우산, 하지만 더 큰 소득은 명함을 받았다는 것이다. 회사의 명함을 받고 상대방의 정보를 얻었다는 게 더 큰 소득이었다. 이것이 바로 마케팅이다. 조금만 노력하면 얻어질 수 있는 정보가 자신을 무대로 이끌어주는 것이다.

지금은 회사가 크게 성장하여 전국뿐 아니라 중국과 일본에도 지사를 두고 있지만, 그 사장님과는 20년이 넘도록 관계를 유지하고 있다. 코엑스에서 산업기계 전시회를 하면 어떤 형태로든 참여해 드리고, 공장 내 가족들의 경조사가 있으면 꼭 동참해 드린다. 단순한 고객의 관계를 넘어 친구요 비즈니스 동반자로 끈끈한 인맥을 유지해 오고 있다. 요즘은 "김 사장! 징그러우니 그만 좀 봅시다."라고 껄껄 웃으며 농담까지 한다. 이처럼, 한 번 내

손에 들어온 정보는 어떠한 경우에도 놓치지 않으며, 영원한 내 편으로 만드는 게 나만의 프로의식이 주는 노하우다.

외진 지역의 호텔은 10년을 버티지 못한 채 극심한 운영난에 폐쇄를 하였다. 동시에 나에게도 위기가 찾아왔지만, 나는 그 위기를 전화위복의 계기로 삼았다. 나는 자영업을 시작했다. 다년간 배우고 익힌 경험과 폭넓게 다져온 인맥으로 언젠가는 나만의 영업장을 열겠다는 꿈을 가져온 나였다. 그 꿈은 38세의 나이에 일식집 사장으로 이루어졌다.

당시의 일식 요리는, 아니 지금도 변함이 없지만 일식집에서는 미식가 고객들이 유능한 조리장이나 매니저를 따라다닌다. 고객의 입맛을 알아서 서빙하는 특별한 예우를 받기 때문이다. 특급 대우를 받는다고나 할까? 당시 나에게 유일한 자산이라면 몇 권의 책으로 이루어진 보물단지, 즉 명함철이었다. 회사를 방문할 때마다 받은 명함, 연회 행사가 있을 때마다 받은 명함에 날짜와 좋아하는 음식 등을 기록해 두었다.

오픈 시점이 순조로웠던 것은, 호텔에서 맺어진 대기업 임원들의 승진 시점과 맞아떨어졌기 때문이다. 임원이 승진하는 정보를 빠르게 입수하여 축하 메시지를 보냈고, 전화전보와 생일날엔 꽃 화분까지 깜짝 이벤트로 보내드렸다. 그때부터 고객들이 몰려들기 시작했다. 행사가 잡힌 날이면 그 다음날까지 서비스를 한다. 일일이 전화를 걸어, 어제 불편사항은 없었는지 확인하고 점심 메뉴도 추천해 드린다. 그렇게 해서 또 다른 예약을 잡는다.

공단 중소기업 대표들에게는 정기적으로 화분을 보냈다. 오는 고객들에겐 한 사람 한 사람 인사를 나누며 명함을 주고받았다. 쓴 소주 두세 잔은 기본이며, 이 또한 인맥을 단단히 굳혀가는 주인의 몫이다. 덕분에 90년대 골목 상권까지 위협하는 IMF의 칼바람 속에서도 우리 집은 살아남았다. 그렇게 홍보와 더불어 인맥을 쌓는 일에 열정을 쏟았다. 2008년에는 내 핸드폰에 800명이 넘든 고객들이 저장되어, 인맥왕을 자랑하는 연예인급 호텔리어로 소문이 날 정도였다.

언젠가부터 대기업의 회식자리는 이틀이 멀다 하고 쏟아졌고, 그때부터 우리 집은 예약을 해야만 이용할 수 있게 되었다. 주인인 나는 외부로 영업을 나가기 시작했고, 고객이 요청하면 회사 정문까지 차를 타고 달려가서 모셔왔다. 회식이 끝나면 당연히 대리운전까지 해 드렸다. 그야말로 팔색조가 된 것이다.

어떤 날은 출출한 간식 시간에 생선초밥을 싸가지고 고객을 찾아가기도 했고, 생일이면 꽃이나 책을 전달해 드리기도 했다. 임원들의 승진이나 영전은 절대 놓치지 않았다. 어떤 때는 예쁜 손글씨로 좋은 글을 써서 5백 원짜리 즉석복권과 함께 우편으로 보내 드리기도 했다. 지금은 인터넷이 발달되어 이메일로 정기적인 안부를 드리지만, 당시에는 손글씨와 우편이 최고의 정성이었다. 거기에 동전으로 긁는 즉석복권은 지금의 로또와 같이 큰 기쁨이 되었다.

한 번은 이런 일도 있었다.

"김 사장, 5천만 원짜리 당첨됐어! 다음에는 10억짜리로 보내 줘!"

겨우 5천 원짜리 당첨된 사장님이 큰 소리를 치며 들어온 것이다. 비록 5백 원짜리 복권으로 5천 원에 당첨된 것뿐이지만, 고객은 내 정성에 감동한 것이다. 그날 그 고객은 만 원짜리 우럭 탕을 싹싹 비우고 갔다.

보이지 않는 열정으로 만들어가는 마케팅이지만 이럴 때는 주인도 고객들도 신바람을 타기 마련이다. 그리고 그것은 또 다시 입소문으로 퍼져나간다. 이제 마케팅은 어디에서나 이루어져야 한다. 그렇지 않은 노력은 통하지 않는다.

여기 경험으로 만들어진 나만의 인간관계론이 있다. 카네기의 인간관계론은 책으로 배웠지만, 나의 인간관계론은 경험으로 축적되었다. 아마 독자들에게 실제적인 도움이 될 것 같다.

1. 명함을 받으면 받은 날짜와 고객이 좋아하는 포인트를 한

가지씩 기재한다.

2. 의상이나 넥타이 디자인에 대해서도 아낌없는 립 서비스로 상대방에게 관심을 쏟는다.

3. 회식 다음날에는 특별히 맑은 지리나 탕으로 속 풀이 서비스를 한다.

4. 고객들의 경조사 정보를 받아 꼭 챙긴다.

5. 단골 가게를 정해 놓고 다니게 만든다. (단골 가게는 정보로 가득 찬 보물 창고다.)

나는 지금까지 이러한 방법으로 고객을 만드는 데 성공했다. 우리는 가볍게 '서비스'라는 말을 하는데, 사실 서비스는 영업을 끌어올리는 커다란 에너지원이다.

어느 날 공단에 있는 기업체를 방문했는데, 그곳의 사장님이 이런 칭찬을 해주었다.

"김 사장에게는 우리나라 사람들한테는 볼 수 없는 일본인의 친절함이 몸에 배어 있습니다."

특급 칭찬이었다. 참으로 감사한 말이다. 오랫동안 호텔 서비스업을 하면서 일본인들과도 생활했었는데, 그들의 그런 모습이 나도 모르게 몸에 배어져 있었나 보다. 고객을 맞이할 때는 언제나 버선발로 뛰어나가듯 맞이했고, 배웅할 때는 문밖 주차장까지 나가서 뒷모습까지 쳐다보았다. 이런 모습을 고객들이 본 것이다. 이처럼 서비스는 작은 관심으로 상대방의 마음을 움직인다.

이것은 보이지 않는 자신만의 노력과 열정이다. 열정을 품고 노력을 하라. 나는 크고 작은 도전 앞에서 망설이는 사람들에게 이렇게 말해주고 싶다.

"쓸 데 없이 두려워하지 말라."

내 안에 그 무언가 꿈틀거리지 않는 한, 내 안에 마그마가 시뻘겋게 끓어오르지 않는 한 아무 일도, 아무 변화도, 아무 역사도 이루어지지 않는다.

나에게 호텔리어는 끊으려야 끊을 수 없는 천직이었
다. 호텔이 첫 직장이었고, 20년 동안 호텔에서 잔뼈를 키웠다.
경험과 노하우를 쌓은 곳도 호텔이었다. 비록 경영난에 이직을
하긴 했지만, 평사원에서 시작해 과장, 매니저, 상무, 전무, 호텔
영업사장에 이르기까지 모든 경험을 했고, 그 경험을 바탕으로
동일한 서비스 업종을 성공적으로 이끌었다.

지금 와서 생각해 보니 어떻게 그런 모든 과정을 견뎠을까?
내가 그렇게 무던한 성격이었나? 아니면 이 일에 타고난 천부적
성품이 있었던 것일까? 어쨌든 일 앞에서 나는 항상 살아 있음
을 느꼈다. 항상 끼가 넘쳤고, 그 끼가 나를 움직이게 했다. "성공

하는 여성은 끼가 있다."라는 말이 있듯이, 나는 일만 보면 멈출 수 없는 거친 몸짓으로 꿈틀댄다.

80년도에서 90년도까지 지역 사회에 있는 호텔은 도시만큼 문화 행사가 많지 않았다. 기껏 해봐야 의학 세미나, 건설협회 모임, 기관장들 조찬회 정도였다. 간혹 장관들 모임이 한 번쯤 있다. 기본적인 영업만으로는 많은 종사원들이나 관리를 유지해 나가기가 현실적으로 버겁다. 매출에 유동성이 있는 식음료 부서나 연회 행사가 뒷받침을 해줘야 하지만, 이렇다 할 마케팅 전략도 없고, 유능한 인재 또한 없는 게 현실이다.

안일하게 앉아서 고객이 찾아와 주기만을 기다렸다고나 할까, 발로 뛰는 마케팅은 누구 하나 용기를 내지 못 했던 것 같다. 오픈 초기에만 호화스럽게 시작을 하지, 초기에만 반짝하다가 5~6년이 지나면 상승해야 할 경영이 하락세를 보인다. 그렇게 부도를 맞는 안타까운 현실을 만드는 게 당시의 지역사회 호텔들이었다. 첫 번째 호텔 입사 시 직원 수 100명, 두 번째 호텔 90명, 솔직히 지방 도시가 감당해 내기에 쉬운 인원수가 아니었다.

90명 중에 영업과장이라는 직책은 모두가 존경스러워할 만한 것이었다. 하지만 뒤에서는 다리가 퉁퉁 붓고, 스타킹 사이로 땀이 고여 발 냄새가 진동하는 모습을 사람들이 알 리가 만무하다. 하지만 진정한 호텔리어는 그러한 고통 속에서도 미소를 잃지 않고 진심어린 서비스를 한다.

그런가 하면, 지역 사회는 어디를 가나 '꼰대들'이 있는 법이다. 그들은 어깨에 힘을 주며 자기과시를 하면서, 일개 부서의 책임자를 오라 가라 한다. 지하에는 보통 나이트클럽이나 가라오케 같은 작은 무대가 있는데, 회장님이나 사장님들이 가끔씩 지인들을 데리고 모이는 사교의 장소로 쓰인다. 그러다가 흥이라도 나면 '김 과장'을 부르는데, 그러면 또 영업 중이라도 달려가서 맥주 한 잔 부딪치며 흘러간 노래로 흥을 맞춰드려야 한다. 그것 역시 책임을 다하는 모습이다. 고객 한 사람이라도 내 편으로 만들기 위해 한 발짝 더 가까이 가는 게 진정한 프로이기 때문이다.

시간이 지나면 캡틴이 되고 지배인이 되어, 그간의 경험을 충분히 발휘하게 될 것이다. 내가 그랬다. 호텔리어로서 다년간 경험한 그 노하우는 지금 자영업이라는 무대에서 나를 우뚝 세워주었다. 명함 한 장으로 마케팅을 하고 인맥을 만들어가는 데 두려움이 없게 해주었다. 나는 발로 뛰고 직원들은 나 없어도 영업장 안에서 호흡을 잘 맞춘다. 그래서 외부 영업을 마치고 돌아가는 발길은 힘이 들어도 콧노래가 절로 나온다. 가게 안에 들어가기도 전에 예약 전화가 오고, 그와 동시에 직원들은 일사천리로 세팅을 한다. 사장도 직원도 기가 살아난다. 생각해 보라. 아무리 가게가 좋아도 손님이 없으면 서로 얼굴만 쳐다보고 있어야 한다. 그것처럼 민망하고 지루한 일이 없다.

자, 그러면 어떤 회사들이 폐업을 할까? 그 특징들을 간단히 살펴보자.

1. 과다한 창업 자금 대출

2. 규모에 비해 많은 직원 수

3. 노하우도 경험도 없는 주인의 경영

(남이 하니 나도 한다는 식의 따라잡기 경영은 100% 실패한다.)

4. 직원 교육 미비

5. 재료 원가 조절 및 절감

(절약을 하려면 원가를 줄이지 말고, 주인이 직접 농수산물 시장에 가야 한다.)

하지만 이것은 기본적인 주의사항일 뿐이다. 이런 것들만 조심했다고 성공을 기대해선 안 된다.

정말 중요한 것은 직원들과의 소통이다. 그리고 소통이 잘 되기 위해서는 직원들과 좋은 관계를 맺어야 한다. 그래야 각자의 맡겨진 일에 충실하게 되고, 에너지도 생긴다. 가끔은 직원들만을 위해 맛있는 요리도 준비하고, 고생을 많이 하는 날에는 직원들 주머니에 슬그머니 교통비라도 넣어주는 센스가 있어야 한다. 특급 칭찬을 아낌없이 해주는 것도 주인의 몫이다.

아이들에게 맛있는 거 사 주고 용돈을 올려주면 최고로 좋아하듯이, 직원들도 그렇게 해주면 좋아한다. 직원들을 머슴처럼 부리지만 말고 그들의 힘든 것들을 하나하나 챙겨줘야 한다. 그게 올바른 경영인의 자세다. 매출을 끌어올리기 위해서는 직원들의 반짝이는 총기에 에너지를 더해줘야 한다. 예를 들어, 나이트클럽에 한 번씩 가서 스트레스를 날려 주고 오는 것도 좋은 방법이다. 그런데 그건 사실 경영인 자신을 위한 일이기도 하다. 직위가 올라갈수록 외로운 법. 직원도 주인도 일만 하라는 법은 없지 않은가? 일본의 소설가 나츠메 소세키는 '인생의 주인공은 나'라고 했다.

돈을 버는 건 기술이고 쓰는 건 예술이라고 하는데, 한 번쯤은 광란의 무대로 모두를 이끌고 가서, 악을 쓰고 소리를 지르며 스트레스를 날려 보라. 그렇게 하는 것도 에너지를 채우는 방법이다. 경영에 성공하려면 직원들과의 관계부터 성공해야 한다. 불만이 많고 찡그린 얼굴에서는 친절한 서비스나 진정한 맛이 나오지 않는다.

통계에 따르면 요식업 직원들의 이직률이 높다. 직원들 간에 갈등이 있어 옮기는 경우도 있지만, 그 직장에 실증이 나서 그만두는 경우도 상당히 많다. 90년도에는 남자 조리장들이 술 마시고 펑크 내는 일들이 잦았다. 그러면 주인은 순간적으로 주방에 뛰어 들어가야 한다. 밥도 짓고 회도 썰어야 한다. 그러한 순발력이 따라주지 않으면 그날 영업은 끝나는 것이다. 이러한 상황을 막기 위해서라도 직원들 간의 소통, 사장과 직원과의 소통이 우선적으로 이루어져야 한다.

때로는 직원의 수고도 아껴줄 겸, 화장실 청소 정도는 주인이 해주는 것도 좋다. 나는 3년 내내 그렇게 했다. 그렇게 해서 직원들을 따라오게 만드는 것이다. 시시콜콜하게 지시만 하는 주인보다는 스스로 따라오게끔 만드는 게 진정한 선수다. '직원이기 때문에 부려야 한다'는 잘못된 상식도 깨뜨려 버려라. 돈이 많다고 카운터나 지키며 목에 핏줄을 세우는 퇴색된 주인의식은 이제 그만 던져버려야 한다. 시대가 변한 만큼 직원들을 우대해주고 칭찬해주며, 주인도 직원처럼 똑같이 서빙하는 것이 진정한 경영인이다. 주인과 직원 간에 올바른 관계가 형성되려면 주인은 직원의식, 직원은 주인의식을 가지고 함께 달려 나가야 한다. 그래야 매출도 올라간다.

마지막으로 주의할 것은 '허세'다.

요즘에 사업을 시작했다가 서둘러 접는 사람들이 많은데, 그들 중 80%는 허세 때문에 문을 닫는 것이다. 처음에는 그럴듯하게 운영하다가, 6개월에서 1년을 못 버티고 인내심 한계, 경제적

타격 등으로 사업을 접는다. 접는 건 좋다. 하지만 필요에 따라 접어야 이익을 창출하는 것이지, 허덕이다가 접으면 손해만 보는 것이다.

이제부터라도 허영과 사치를 버리고 마음을 비워보라. 처음부터 크게 확장하려 하지 말고, 시작은 미약하나 점차적으로 경험을 채워나간다는 마음으로 도전해보라. 그러면 분명히 성공할수 있을 것이다. 그리고 성공이든 실패든, 그 속에서 얻어진 것이 있다면 우리는 그 경험을 존중해야 한다. 꿈을 파는 강연쇼 대표 최해숙 작가는 『상처도 스펙이다』에서 이렇게 말한다.

"나는 왜 내 삶에 이런저런 사건들이 일어났는지 이제야 알게 되었다. 그것은 위기가 아니라 기회였음을, 어쩌면 그동안 쌓아왔던 성실, 인내, 겸손함의 탑을 베이스에 두고 한 번에 역전할 수 있는 무기가 될 수 있음을 알았다."

나에게는 일에 미쳐 뛰어다니며 고객들과 함께 웃던 최고의 3년이 있었다. 어쩔 수 없이 문을 닫게 되었지만, 마지막으로 그 문을 나설 때 나는 울지 않았다. 후회는 없었으니까 말이다.

이제는 사랑하는 딸들과 함께하려고 한다. 그동안 일하는 엄마로만 비친 게 사실이다. 그 속에 치열한 전쟁이 있었음을 딸들이 알려야 있겠냐만, 그래도 이 말만은 하고 싶다. 엄마는 너희들을 위해 견디며 살아왔다고. 그리고 너희들이 힘이 돼 주었기에 일할 수 있었다고 말이다.

그래서 고맙다. 이제는 딸들과 함께 여자로서 소풍처럼 설레는 삶을 살고 싶다. 내가 살아가는 이유 한 가지는 내 사랑하는 딸들, 엄마 곁에서 신앙의 힘으로 잘 견뎌준 딸들, 그래서 지은아, 지민아, 더 고맙고 사랑한다.